은퇴하고 즐거운 일을 시작했다

은퇴하고 즐거운 일을 시작했다

초판 1쇄 펴낸날 2022년 5월 20일
초판 2쇄 펴낸날 2023년 1월 10일

지은이 이보영
펴낸이 조영혜
펴낸곳 동녘라이프

책임편집 김혜윤
편집 구형민 정경윤 김다정 이지원 홍주은
마케팅 임세현
관리 서숙희 이주원

등록 제311-2003-14호 1997년 1월 29일
주소 (10881) 경기도 파주시 회동길 77-26
전화 영업 031-955-3000 편집 031-955-3005 전송 031-955-3009
블로그 www.dongnyok.com **전자우편** editor@dongnyok.com
페이스북·인스타그램 @dongnyokpub
인쇄·제본 새한문화사 **종이** 한서지업사

은퇴하고
즐거운 일을 시작했다

이보영 지음

퇴직 이후 새로운 직업을 선택한

아홉 명의 이야기

동녘라이프

퇴직이라는 통조림을 딴 당신에게

시작에는 언제나 끝이 있다. '일'의 시작에서 우리는 모두 유통기한이 찍힌 통조림을 하나 받는다. 초심의 포부는 일상에 희석되고, 반복되는 하루의 관성 속에서 우리는 점점 굳어간다. 영원할 것 같은 반짝이는 철갑옷과 화려한 이름표는 시간이 지날수록 빛이 바래고, 통조림 속 내용물엔 쇠 맛이 배어든다. 유통기한은 다가오고, 멈추거나 변해야 하는 시기가 찾아온다.

자신의 일에 대해 냉소하든 열정적이든, 모든 직업인들은 현재 일이 삶의 중심이라는 점에 암묵적으로 동의할 것이다. 일에 대한 사람들의 태도는 바로 그들의 삶에 대한 태도와

맞닿아 있다. 그리고 누구에게든 일을 하면서 한 번 이상의 전환의 순간을 맞닥뜨린다. 조직에 몸담고 있는 회사원의 경우 퇴직이라는 복병과 부딪히고, 자영업자 또한 일에 있어 어떤 방식으로든 변해야 하는 때를 만난다.

이 책은 평생을 해왔던 일을 마치고 완전히 새로운 일을 시작한 아홉 명의 이야기를 담고 있다. 이들은 1955년에서 1963년 사이에 태어나 한국 경제 부흥기인 1970년대와 1980년대의 성장 동력이 된, 일명 '베이비부머' 세대다. 나는 2012년부터 프리랜서 작가로 한국고용정보원의 퇴직자 관련 프로그램을 함께 하며 많은 베이비부머 세대 퇴직자들을 만났다. 이들은 고도 성장기와 IMF, 외환위기를 거치면서 국가와 산업의 성장을 생생히 목격하며 앞만 보고 달려왔다. 그렇기에 자신의 사회적 성장을 견인하던 일 안에서 퇴직을 대비할 여유가 없었던 경우가 대부분이었다. 실제로 만나본 그들의 상황은 너무나 다양했다. 은둔한다는 의미의 '은퇴'라는 말을 함부로 붙이기에 이들은 너무 젊고 열정적이었으며, 건강했다.

해왔던 일에 대한 익숙함 때문인지 많은 퇴직자들은 경력을 활용한 재취업을 원했다. 그러나 경력과 나이 모두 차고 넘치는 탓에 취업은 쉽지 않았다. 급한 마음에 쉽게 접근할 수 있는 창업에 도전했다가 금전적 · 정신적으로 손실을 입고

물러난 실패담은 어디서든 들을 수 있었다. 단단히 준비를 하거나 계획을 세우기보다는 낯선 상황에서 돌파구를 마련하기 위해 조급하게 움직이는 경우도 많았다.

퇴직이 그들을 혼란에 빠뜨리는 가장 큰 이유는 그들이 지금까지 해온 일이 단지 생계를 유지하기 위한 수단이 아니라 세상에 자신을 드러내는 중요한 사회적 자아였기 때문이다. 자신의 평생을 쏟은 직업에 큰 의미를 두었기에 다른 가능성을 향해 열린 마음을 갖는 것은 힘든 일이었다. 사소한 습관도 고치기 힘든데, 수십 년에 걸쳐 형성된 생각의 틀을 변화시키는 일이 얼마나 어려울지를 충분히 상상할 수 있다. 그러나 '상상할 수 있다'는 건, 상상을 넘어서 극복이 가능하다는 뜻이기도 하다.

이 책에 등장하는 아홉 명의 퇴직자들은 다양한 직종에서 일을 해왔고, 그 일을 떠나 다시 하고 싶은 일을 찾아 두 번째 인생을 다채롭게 살아가는 중이다. 이들을 만나며 나는 일에 대해 공들여 궁리할 기회를 갖게 됐다. 생존은 중요하고, 그 안에서 '일'의 첫 번째 목적은 분명하다. 직업을 생각할 때 '돈이 되는 일'을 염두에 두어야 한다는 기준은 여전히 유효하다. 그러나 더 중요한 건 삶 전체를 관통하는 사회적 자아라는 '일'의 본질이었다.

하는 일이 바뀌면, 우리의 사회적 자아는 예전과 달라질 수 있다. '무엇을 해서 돈을 벌 것인가'보다 '어떤 일을 할 것인가'에 대한 답을 찾아가며, 그 과정을 충분히 즐기고 있는 이들의 여정을 들여다봤다. 그렇게 '꿈'이라는 막연한 단어와 '일', '직업'이라는 냉정한 단어는 기존의 범주보다 확장됐다. 자신이 만든 틀을 깨고 새로운 삶 속에서 즐거움과 보람, 일을 찾는 과정을 즐기며 의미를 부여한 인터뷰이들의 이야기는 놀라웠다. 그들이 들려준 삶의 흐름은 미래에 대한 진지하고 폭넓은 고민을 이끌어냈고, 계산기만 두들기던 노후 설계를 멈추게 했다.

이 책은 퇴직 후 인생 2막의 '성공 수기'나 바람직한 은퇴 이후의 모습을 보여주는 길잡이가 아니다. 만족스러운 삶의 모습은 사람마다 다르고, 세상은 여러 요인에 의해 계속 변화하고 있으니 말이다. 이들이 그려낸 시간의 궤적을 따라가며 공감하고 자신이 할 수 있는 일을 상상해볼 수 있다면 그것으로 충분할 것 같다.

이젠 당연한 현실이 된 '인생 100세 시대'라는 말은, 바꿔 생각하면 인생을 몇 번이고 다시 시작할 수 있는 긴 시간이 우리를 기다리고 있다는 의미기도 하다. 퇴직은 카프카의 소설《변신》속 주인공처럼 하루아침에 전혀 다른 존재가 되는 무시무시한 사건이 아니다. 동일한 '나'를 중심으로 인생의 흐름이 바뀔 수 있는 하나의 전환점일 뿐이다. 그 전환점을 미리 경험한 사람들의 이야기를 들을 수 있다면, 생각을 가다듬고 선택을 결정하는 데 도움이 될 것이다.

통조림을 개봉할 시간이 다가오고 있다.

그것이 두 번째든, 혹은 세 번째든.

무슨 요리가 될지 기대하는 마음이 가득하다!

2022년 봄
이보영

1부

*

새 직업을 찾아 나섰다

인생은 끝없이
재구성되는 것

관성이란 지금까지 달려온 방향으로 계속 움직이려
는 힘이다. 자연에 존재하는 관성의 법칙은 일상에
서도 작용한다. 일과 직장, 소속이 그 사람을 말해주기도 하는
시대다. 나를 증명해주는 것 같은 회사, 안정된 수입이 보장되
는 대기업에서 퇴직하고 겪는 변화는 관성과 같은 물리법칙을
거스르는 것만큼 힘든 일이다.

문두식 씨는 대기업에 30년간 재직하며 계열사 대표이사까
지 지냈다. 대기업 퇴직자들 중에서는 과거를 이야기하며 눈을
빛내다가 퇴직 이후를 말할 때는 목소리가 급격히 작아지는 경
우도 있었다. 1953년생 남성이 평생을 다닌 회사를 퇴직하고
자격증을 취득해 상담사가 된 것은 흔치 않은 일이다. 그는 어
떤 어조로 자신의 이야기를 들려줄지 궁금했다.

"상담, 정말 쉽지 않아요!"

일에 대해 물었을 때 한숨 섞인 탄식과 함께 그가 꺼낸 말이었다. 상담은 누군가의 고민을 온전히 들어주며 해결되지 못한 욕구를 알아내는 일이다. 공감과 관계를 위해 라포rapport❖를 형성하고, 상대방의 이야기를 집중해서 들으며 대화해야 한다. 정서 교류가 일어나는 상담에서 상담사의 정신적 피로는 꽤 높다. 그러나 삶의 고민을 공유하는 내담자에게 도움이 될 수 있다는 기쁨과 자신을 믿고 모든 이야기를 하는 아이들의 모습에서 힘을 얻는다고 했다.

인터뷰 내내 그의 휴대폰이 울렸다. 그는 메시지에 일일이 답하며 종종 미소를 지었다. 그와 아이들은 메신저로 상담 일정을 논의하거나 귀여운 이모티콘을 주고받으며 서로의 안부를 묻고 있었다.

"아무리 어긋난 학생이라도 아이는 아이예요. 끝까지 마음을 열지 않는 녀석들도 있지만 조금이라도 자신을 돌아볼 수 있는 시간이 됐다면 그걸로 족해요. 스스로도 뭘 잘못하고 있는지 다 압니다. 다만 누군가 한 번 더, 자신의 욕구를 알아주길 바랄 뿐이죠."

❖ 상담 중 상대방과 형성되는 친밀감 또는 신뢰 관계.

한때 대기업 임원이었던 그는 2011년부터 서울시 마포·창동 인터넷중독예방 상담센터의 청소년 대상 강사와 의정부시 청소년 상담복지센터의 청소년 상담사로 일하고 있다. 화려한 이력을 뒤로하고 상담사로 사는 지금, 그는 일상과 인생 그리고 일에 대해 어떻게 생각하고 있을까?

대기업 해외 건설 역군의 자부심

||||||||||||||||||||||

대학에서 심리학을 전공했지만 선택한 곳은 건설 회사였다. 당시에 건설은 가장 '잘 나가고', 높은 월급을 받을 수 있는 업종이었다. 그는 한진중공업에 입사해 인사팀을 거쳐 강도 높은 영어 연수 후 해외 파견의 기회를 잡았다. 1980년대 대한민국 건설업계에 모래 폭풍을 일으킨 사우디아라비아 현장 지원 업무를 맡아 백일이 된 아이와 아내를 두고 한국을 떠났다. 입사 후 약 2년 만의 일이었다.

사우디아라비아를 시작으로 '영어 하는 총무'로서 필리핀, 네덜란드 등 다양한 해외 현지 조정 업무를 진행했다. 해외에서 일한다는 자부심이 컸지만 필리핀에서 근무할 때는 과로와 건강 악화로 고생하기도 했다. 무엇보다 가족과 오래 떨어져 지내는 것이 힘들었다. 하지만 풍족한 생활이 가능하도록 돈을 벌고 있다는 사실은 가장으로서 큰 기쁨이었고, 힘든 업무를 견딜 수 있게 하는 힘이었다. 회사에 크게 기여한 그는 2001년 계열사인 한진도시가스의 관리 부문 본부장으로 승진 이직 후 대표이사에 취임했다. 회사원으로서 오를 수 있는 가장 높은 자리까지 올라간 그때를 그는 인생의 황금기로 기억한다. 가장 '폼 잡던' 시절이었다고 회상하는 그때부터 2008년까지 그의 앞을 가로막을 것은 없어 보였다. 눈앞의 큰 성취와 주어진 수많은 업무 속에서 다른 방향의 미래를 계획할 여유는 없었다. 다른 미래의 필요성을 느끼지 못할 만큼 그의 현재는 만족스러웠다.

조직의 일원으로서 필요하다면 어디로든 이동하는 것이 회사원의 숙명이다. 계열사 대표이사로 재직한 지 1년 만에 모기업으로 발령 난 그는 2010년 다시 해외수주 담당 임원으로 필리핀에 파견됐다. 필리핀에서의 일은 무척 힘들었다. 예전과 달리 해외 건설 붐은 시들해졌고 진척 없는 공사에 몸도 마음도 지쳐갔다. 건설 전문가인 회사 내 그의 입지도 알 수 없는 방향으로 흘러갔다. 1998년에 닥친 IMF도 잘 넘겼지만 시간이 흘러 다가온 퇴직에 어떻게 대처해야 할지 알 수 없었다. 회사는 신규 사업 찾기에 골몰했고, 30년간 뼛속 깊이 건설 전문가로 살아온 자신을 완전히 바꾸기는 힘든 일이었다.

혼란 속에서 필리핀 파견 1년 만에 갑작스런 귀국 통보를 받았다. 발령 부서를 알려주지 않고 이뤄지는 갑작스런 귀국의 의미가 자신의 예감과 다르기만을 바랄 뿐이었다. 인천을 향하는 비행기 창문에 점점 선명해지는 것이 있었다. 바로 환갑이 가까워진, 늙고 지친 자신의 얼굴이었다.

잊었던 대학 전공, 심리학을 떠올리다

||||||||||||||

인사 담당자의 답변은 솔직했다. 앞으로 그에게 업무가 주어지지 않을 거라는 사무적인 한 마디는 예상했던 말이었음에도 깊은 상처로 다가왔다. 회사 차원의 배려로 1년간 월급은 지급될 테니 그 시간 동안 다른 일을 찾아보는 것이 좋겠다는 조언이 덧붙었다. 2010년 4월, 그의 마음을 가득 채운 울분의 8할은 억울함이었다.

"계속해서 드는 생각은 단 하나였어요. '내가 뭘 그렇게 잘못한 걸까?' 답은 나오지 않았어요. 엄청난 회의감과 피로가 몰려왔습니다. 선배들의 이야기가 그제야 공감이 되더라고요. 내가 어리석었구나, 그래도 뭘 잘못했다고……. 너무도 혼란스러웠습니다."

여행을 다니고 운동을 해도 주체할 수 없는 억울함과 좌절감, 뒤를 이어 찾아오는 막막함에 숨이 막힐 것 같았다. 당시 아들은 이미 대학 졸업 후 취업한 상태였고, 퇴직금과 연금보험으로 알뜰하게 산다면 그의 노후는 큰 걱정이 없었다. 그러나 대기업의 일원으로 일하는 자부심은 지금까지 사회적 인간으로서의 그를 지탱해주던 전부나 다름없었다.

일단 재취업을 하기로 마음먹었다. 대기업 해외 담당 임원이었던 경력을 바탕으로 구직 사이트와 헤드헌팅 업체를 찾았지만 녹록치 않았다. 취업이 가능한 곳이라곤 중소기업의 아프리카나 남미 지역 해외 영업 업무가 대부분이었다. 기온과 풍토가 달라 건강에 무리가 왔던 필리핀에서의 근무를 돌아보면 해외로 가고 싶지 않았다. 무엇보다 가족들과 떨어져 지내는 일이 내키지 않았다. 완전히 다른 일, 새로운 일이 절실한 순간이었다.

30년간 잊고 있던 전공이 생각난 것은 그때였다. 그가 학교를 졸업했을 당시에는 심리학과 졸업생들이 전공을 살려 일할 수 있는 직업이 많지 않았다. 하지만 시대는 변했고, 복잡해진 사회에서 사람들은 상담을 필요로 했다. 우연히 휴일에 보게 된 다큐멘터리 한 편이 심리학을 전공한 과거를 떠오르게 했다. 다큐멘터리 속 방황하던 청소년들이 상담으로 변화하는 과정은 너무나 매력적이었다. 과연 내가 상담을 할 수 있을까, 의심스러웠지만 한번 알아보자는 마음으로 정보를 모으기 시작했다.

상담사로 새 출발을 결심하다

^{IIIIIIIIIIIIII}

인터넷은 상담사에 관해 많은 정보를 쏟아놓았다. 검색을 통해 민간 기관의 자격증 광고를 보고 바로 전화기를 들었다. 교재 장사임을 알아차렸을 땐 실망스러웠지만 일단 교재와 강의를 신청했다. 전공과 떨어져 있던 시간이 길었던 만큼 뭐라도 공부해야겠다고 생각했기 때문이다. 퇴직 통보를 받은 후 형식적으로 회사에 출퇴근하던 2010년, 퇴근하고 매일 저녁 도서관에서 공부를 시작했다. 민간 자격증을 취득하며 30년 전에 공부했던 내용을 완전히 잊진 않았다는 사실에 안도했지만 다른 문제가 있었다. 기관에서 상담사로 활동하기 위해서는 국가 공인 자격증이 필요했다.

"공부가 가장 힘들었습니다. 계획한 공부를 마치고 책을 덮으면 머릿속에 아무것도 남지 않는 느낌을 견디기 힘들었어요. 공부를 마치고 집에 가는 길에 퇴근하는 사람들을 보며 부러운 마음이 들 때도 많았습니다."

주저할 시간은 없었다. 감상에 빠지지 않으려 애쓰면서 도서관에서 아내가 싸준 도시락을 먹으며 의지를 다졌다. 다행히 국가 공인 자격증 시험 내용은 앞서 공부한 것과 비슷했고, 필기시험과 면접을 한 번에 통과했다. 이로써 퇴직 전 2011년 5월, 여성가족부 주관 3급 청소년상담사 자격시험에 합격할 수 있었다.

합격증을 받자 어느 정도 안심이 됐지만 무엇을 할 수 있을지 막막한 느낌은 가시지 않았다. 그리고 퇴직의 시간이 다가왔다. 근속 30년이 되던 해였다. 무겁고 쓸쓸한 마음으로 회사를 나와 정처 없이 걸었던 2011년 6월을 절대 잊지 못할 거라고 그는 말했다.

2011년은 많은 사건이 한꺼번에 몰려온 해였다. 특히 자신의 나이를 혹독할 만큼 되새겼던 시간이었다. 면접관들은 60세라고 적힌 이력서의 숫자에 다양한 반응을 보였다. '대단하다', '건강은 괜찮으신지', '왜 하필 상담을……' 다채로운 수식어가 동원됐다. 불합격을 확인하는 동시에 다른 곳에 이력서를 보냈다. 젊은 상담사들이 주로 활동하는 서울 지역의 상담 기관에선 그의 지원에 당황하는 기색이 역력했다. 인사 업무를 해봤기 때문에 그들의 입장이 이해는 갔지만 야속한 마음이 앞서는 건 어쩔 수 없었다.

그래도 결실은 있었다. 열 번이 넘는 면접에 지쳐가고 있을 때, 강사직 채용에 지원했던 마포·창동 인터넷중독예방 상담센터에서 연락을 받았다. 곧이어 의정부시 청소년 상담복지센터에서 상담사로 채용하겠다는 통보를 받을 수 있었다. 연륜 있는 센터장과 상담사들은 교육과 기획, 그리고 다양한 해외 경험을 했던 그의 회사 경력이 역동적인 상담에 도움이 될 거라고 평가

했다. 그의 나이는 변덕스러운 아이들을 품어줄 수 있는 너그러움으로 받아들여졌다. 상담사로서 새로운 인생이 시작됐다. 2011년 9월, 회사를 나온 지 3개월만의 일이었다.

아이들과 함께 변화하다

||||||||||||||||||

상담센터에 방문하기 어려운 아이가 있을 경우 상담사가 직접 찾아가 상담을 하기도 한다. 그 아이는 아파트 앞에 항상 한 시간 먼저 나와 그를 기다렸다. 자신의 말에 귀를 기울이고 웃어주는 그의 손을 꼭 잡곤 했다. 엄마의 가출 후 방치된 채 어두운 방안에서 나오지 않던 아이는 스스로 현관 밖으로 나왔고, 학교에 다니기 시작했다. 늘 일찍 나와 그를 기다리는 아이, 그리고 상담이 끝난 후에 손을 흔들며 한참을 서 있는 아이를 보며 그는 가슴이 먹먹해지곤 했다. 먹먹함은 그를 책 앞으로 이끌고, 더 많이 공부해야겠다고 결심하도록 만들었다.

몇 년 전까지만 해도 상상할 수 없었던 방향으로 인생이 흘러가고 있었다. 마포·창동 인터넷중독예방 상담센터에서 각각 월 20시간의 청소년 대상 인터넷 중독 예방 강의를 하고, 의정부시 청소년 상담복지센터에서 월 평균 48시간의 상담을 진행하는 그는 어느덧 10년차를 훌쩍 넘긴 청소년 심리 전문가가 되었다. 인터넷중독예방 상담센터에서는 공교육과 연계된 강의를 하고, 의정부시 상담복지센터에서는 사회 시설과 연결돼 학교 안팎에서 적응을 어려워하는 학생들과 일대일 혹은 집단 상담을 진행한다. 소속된 상담사들은 센터의 스케줄에 따라 각자 상담을 하고, 일주일에 한 번 모여 케이스 스터디와 행정 업무를 처리한다. 강의는 오전, 상담은 학생들의 수업이 끝난 오후에 주로 진행한다. 강의와 상담 일정을 짜고 아이들을 만나면 일주일이 빠르게 지나갔다.

가정·학교·또래집단 등 청소년들이 몸담고 있는 사회 곳곳에선 다양한 문제들이 발생한다. 청소년의 문제는 성인과 다르게 복잡한 맥락을 갖고 있는데, 보호자와의 관계에서 문제가 파생되는 경우가 많다. 이럴 땐 부모 상담까지 이어지기도 한다.

아이들의 게임 중독이나 분노 조절 같은 문제는 실마리가 단순한 경우가 많기 때문에 상담이 어렵지 않은 편이다. 이제 몇 마디의 대화로 아이의 문제점과 욕구가 무엇인지 감이 올 정도다. 어른보다 변화의 가능성이 큰 아이들은 그에게 상담의 기쁨과 보람을 느끼게 해줄 때가 많았다. 상담의 목표가 반드시 사회적 교화인 건 아니다. 다만 아이들에게 일탈의 이유를 스스로 깨닫게 해주는 것이 상담의 첫 번째 목표다. 대화를 통해 자신의 인지 부조화를 알아차릴 수 있게 하고, 섣부른 충고보다는 스스로에 대해 생각할 시간을 주는 것이 상담사의 역할이라고 그는 말했다.

"아이들과 이야기하는 것은 즐겁습니다. 그러나 상담에 깊이 들어가면 어두운 면들을 보게 되는 건 어쩔 수 없습니다. 가족 간의 갈등과 일탈, 비행, 정신 건강, 중독, 사회 부적응 등이 상담의 주 내용이니까요. 감정이 전이되는 과정에서 스트레스를 받거나 지칠 때가 있습니다. 특히 가정의 경제적 형편이 어려운 아이들에게 실질적으로 도움을 줄 수 없으니 안타깝기도 합니다. 상담 중에 아이들이 연락을 끊어버릴 땐 정말 속상하고 서운하죠."

상담이 필요하지만 방어기세가 발동해 강경하게 거부하는 아이들도 있다. 그럴 때는 참고 기다려주는 여유와 이해 또한 상담의 일부다. 현재 한 학생당 일주일에 1시간씩, 3~4개월에 걸쳐 상담이 이루어지고 있다. 그러나 제대로 성과를 거두려면 시간을 두 배 이상 늘려 지속적으로 내담자를 관찰해야 할 필요가 있다고 그는 말한다. 아이들의 문제에 얽힌 복잡한 맥락들을 관찰하려면 많은 시간이 필요하다. 상담이 교육의 다른 문제에 밀려나 있다는 것이 그는 너무 안타깝다.

독실한 가톨릭 신자인 아내는 누군가의 마음을 돌보는 남편의 두 번째 직업을 진심으로 기뻐하며 응원했다. 알뜰하게 살림해온 아내 덕분에 적은 수입에도 생활이 힘들진 않다. 그러나 가계부를 보며 스트레스를 받는 것은 아내가 아닌 그였다.

확실히 현재 그의 수입은 과거에 비할 바가 아니다. 청소년 상담복지센터에 소속돼 있지만, 상담사는 상담 시수에 따라 상담료를 받는다. 인터넷중독예방 상담센터의 강의 또한 시간당 강의료를 받는 방식이다. 이 금액을 모두 합치면 월 150~200만 원 정도다. 전문 상담사가 되기 위해선 대졸 이상의 학력이 요구되지만, 최근엔 석사와 박사 과정을 마친 상담사도 많아졌다. 마음과 관련된 영역인 만큼 밀도 높은 전문성이 필요하기 때문이다. 그럼에도 상담료가 상담에 들이는 시간과 전문성에 미치지 못하는 것이 안타깝다고 그는 말했다.

그러나 수입의 아쉬움과는 별개로, 상담을 선택한 후 얻은 보람과 기쁨에는 스스로도 놀라고 있다. 세상에 버림받았다고 생각한 시점에서 다시 찾은 직업이 주는 만족감은 인생에 주어진 덤처럼 느껴졌다. 한 번의 새로운 시도는 다른 도전으로 이어졌고, 또 다른 미래를 계획할 수 있도록 만들어줬다. 어느덧 그는 칠순을 넘겼지만 예전에는 상상도 할 수 없던 새로운 도전을 계속 궁리하고 있다.

갈 길을 알려주는 일상을 삽니다

||||||||||||||||

그는 모든 상황은 자신이 어떻게 보고 느끼느냐에 따라 달라진다고 말했다. 감정은 철저히 주관적이다. 일을 돈과 생존을 위

한 짐이라고 여기면 한없이 부담스러워지기 마련이다. 하지만 일이 나를 사회적 인간으로서 살게 하는, 즐거운 관계의 기반이 된다고 생각하면 일에 대한 관점은 완전히 달라질 수 있다.

"조직생활은 복잡한 인간관계와 이해관계, 상하관계가 얽혀 있죠. 또 급여에 의한 순서 매김 아래 경쟁이 생깁니다. 저는 30년 동안 그 기준 아래에서 살아왔어요. 몸과 마음에 단단히 박힌 관성인데, 그걸 한 순간에 버리긴 무척 힘듭니다."

그는 아직도 자신의 일이 어색하게 느껴질 때가 있다고 솔직하게 털어놓았다. 일에서 오는 보람이나 기쁨과는 별개로 예전의 생활과 지금을 비교하는 잣대를 완전히 내려놓지는 못하고 있다고 했다. 상담 일을 시작한 이후 많이 변하긴 했지만 30년을 '대기업에서 돈을 버는 가장'으로 살아온 삶이 쉽게 변할 거라고는 생각하지 않는다. 하지만 그는 천천히 변화하고 있고, 그 과정을 충분히 관찰할 예정이다. 이젠 변하는 자신을 즐겁게 지켜볼 수 있는 여유가 생겼다고 자부한다.

"1만 시간의 법칙이라고 하죠. 무슨 일이든 1만 시간을 해야 전문가의 경지에 이를 수 있다는 이야기 말입니다. 일종의 불문율이라고 생각합니다. 자신의 변화를 체감하고 완전한 즐거움을 갖기까지 그 정도의 시간은 필요합니다. 오랫동안 제 가

치를 직업에서의 경제적 성취와 출세로 저울질해 왔는데 그게 단시간에 바뀐다면 거짓말이죠."

직장에서 승승장구하는 후배들이나 사업으로 성공한 친구들을 보면 아직도 부러움이 앞선다. 하지만 이젠 자신의 길을 찾아 열심히 나아가고 있다는 자부심으로 그들의 성공담을 진심으로 축하해줄 수 있게 됐다. 1만 시간 이상 상담사로 살아오며 이젠 어느 정도 중심이 잡히고 있다는 느낌이 든다.

지금은 내담자가 청소년으로 국한돼 있지만 앞으로 더욱 다양한 사람들의 문제로 영역을 넓혀갈 계획이다. 청소년 문제는 단순히 그들만의 문제가 아니며, 사회 전체와 연결되기 때문이다. 이와 더불어 제대로 된 심리 상담이 필요한 퇴직자들의 문제에도 관심을 갖고 있다. 변화를 겪은 자신의 경험으로 더욱 객관적인 상담이 가능할 거라고 그는 생각한다. 일을 하며 더 많은 공부가 필요하다는 생각이 들었고 새로운 목표들을 세우게 됐다.

그의 첫 번째 목표는 상담을 더 깊게 공부하는 것이다. 몇 해 전 그는 가톨릭대학교 상담전문대학원 석사과정을 수료했고, 논문을 쓰고 있다. 풍부한 상담 경험을 녹여 기술하다 보니 상담에 대한 이해가 깊어졌다. 두 번째 목표는 뜻이 맞는 상담사들과 심리 상담 조합을 만드는 것이다. 아직 갈 길이 멀지만 하나씩 계단을 쌓는다면 실현 가능한 일이라고 그는 생각한다.

"상담은 테크닉이나 기술이 전부가 아니에요. 모든 요소들이 객관화돼 내담자에게 돌아가고, 그 안에서 자신이 원하는 것을 찾아가게 만드는 과정입니다. 퇴직 후 마치 상담을 받는 것처럼 매일의 일상이 객관화되고 내가 갈 길을 알려준다는 느낌이 듭니다. 그 끝에 무엇이 있을지 알 수 없지만 일단은 가보려고 합니다."

일상에서 느끼는 보람과 즐거움이 물리법칙인 관성을 이길 수 있을까? 변화하는 그의 모습을 보니 가능할지도 모른다는 생각이 든다. 어쩌면 인간에게 '관성'이라는 상투적인 단어를 붙인 것이 문제였을지도 모른다. 인간은 한 가지 법칙만으로 예측할 수 없는, 얼마든지 변할 수 있는 존재기 때문이다.

있는 그대로의 자신을 인정하고 변화하는 일상을 지켜보자. 서두를 필요도, 거창하게 생각할 필요도 없다. 순간을 마냥 흘려보내지 않으면 열심히 살아낸 시간은 고스란히 자신의 안에 쌓이게 될 테니 말이다. 즐겁고 보람찬 자신의 일상을 사는 그는 여전히 구성되며 변화하는 중이다.

정직함과 낙관으로
신념을 지킵니다

자기계발서의 대표적이면서도 논쟁적인 키워드 중 하나가 바로 '긍정'이다. 누군가는 무조건적 낙관은 현실을 제대로 볼 수 없게 만든다며 긍정이라는 단어를 경계한다. 그러나 강형구 씨가 당당히 긍정을 이야기할 수 있는 이유는 그가 지난 시간과 경험을 근거로 삼기 때문이다.

광화문에 위치한 금융소비자연맹 사무실을 찾았을 때, 그는 한 시사 라디오 프로그램과 전화 인터뷰 중이었다. 소비자 금융 권익 보호단체인 그곳에는 민원과 문의가 넘쳐났다. 인터뷰를 위해 자리를 옮기는 중에도 전화는 쉴 새 없이 울렸다.

"금융기관을 상대할 때, 개인인 소비자는 어쩔 수 없이 약자가 됩니다. 시작부터 공정하지 않으니 민원이 발생할 확률이 높을 수밖에 없죠. 국가 정책금융에서 가장 중요한 것이 공정성인 것도 바로 이런 이유 때문입니다."

'공정'이라는 단어를 듣는 순간 머릿속 전구에 불이 켜졌다. 자본주의 사회에서 대출이나 보험 등 일상적인 금융 문제에서 자유로운 사람은 거의 없을 것이다. 금융 상품이나 관련 정책에 대해 소비자로서 느끼는 감정은 불공정에서 오는 억울함에 가깝다. 모르고 당하거나, 알아도 전문 용어 앞에서 주눅이 들기 때문이다.

금융소비자연맹은 비영리 사단법인으로, 금융 소비자들의 권익 보호를 위한 단체다. 금융 제도 개선, 피해 구제 상담, 신문 칼럼이나 매체 인터뷰 등을 통해 사안의 심각성을 알리는 일을 하고 있다. 금융기관 민원실과 의사소통하거나 제도 개선을 위해 해결 방안을 모색하기도 한다. 2011년 하나은행을 퇴직한 그는 이듬해인 2012년, 금융소비자연맹에 사무처장으로 입사했다.

금융기관과의 대립에서 피해를 입는 쪽은 소비자일 수밖에 없는 것이 현실이다. 정보량에 있어 소비자가 금융기관을 절대 능가할 수 없기 때문이다. 숫자와 전문 용어가 등장하면 일단 움츠러드는 소비자들은 은행이나 보험사 앞에서 약자가 될 수밖에 없다. 흔한 예로 보험의 경우 계약서를 꼼꼼히 검토하고 숙지하는 일이 매우 중요하지만, 가입자가 따로 공부하지 않으면 이해하기 어려운 용어들로 가득하다. 계약자를 배려하지 않은 깨알같은 약관의 글씨는 회사의 의도를 의심케 한다. 금융 상품 판매부터 국가 정책까지 많은 부분에서 소비자는 소외돼 있다.

30여 년간 은행의 이익을 위해 살아온, 뼛속 깊이 은행원인 그가 어떻게 반대편에서 일을 하게 되었을까? 퇴직을 경계로 거울의 이면 같은 길을 걷는 그의 이야기가 궁금했다.

은행에서 소비자를 위해 일하다

||||||||||||||||

1956년 경남에서 태어난 그는 대학 입학과 함께 서울 생활을 시작했다. 경제학과 졸업 후 서울은행에 입사했고, 여의도에 위치한 증권대행부로 발령받았다. 증권 관련 업무를 하며 주식 투자를 하던 지인들의 모습을 보며 그는 업무에 충실하되 주식에는 손대지 않는다는 원칙을 세웠다. 빙산의 일각처럼 드러난 성공담 아래 가려진 실패담도 많다는 것을 알고 있었을 뿐더러 누군가가 벌면 누군가는 반드시 잃는, 투자보다는 투기에 가까운 방식에 동의하지 않았기 때문이다. 주식과 관련해 그는 씁쓸한 기억을 갖고 있다.

"서울은행 입사 후 우리사주❖를 받았습니다. 우리사주를 많이 갖고 있던 동료들은 큰 손해를 입었어요. 서울은행이 하나은행

❖ 근로자가 취득한 자기 회사의 주식.

에 합병된 후 상장폐지가 되었거든요. 말로만 듣던 상장폐지를 직장에서 목격하니 당황스러웠습니다. 그 이후로 주식 투자에 는 더욱 신중해졌습니다."

입사 5년 후 그는 여의도 지역의 지점으로 발령받아 본격적인 은행 업무를 하게 됐다. 시절이 시절이었던 만큼 대출 관련 업무가 많았다. 기업과 가계 모두 대출 수요가 넘쳐나 따로 실적을 위해 동분서주하지 않아도 됐다. 그러나 1990년대, 한 치 앞을 알 수 없던 경제 상황 속에서 흔들리던 서울은행은 IMF 이전부터 구조조정을 하고 있었다. 1998년 IMF 사태에 대규모 감원을 맞았지만 이미 태풍 속에 있던 사람들은 크게 동요하지 않았다. 그가 입사했던 1985년에 1만 명이 넘던 서울은행 직원은 2002년 12월 합병 당시 3000여 명만이 남아있었다. 당시 차장이었던 그는 지루한 구조조정 끝에 하나은행의 직원이 되었다.

하나은행의 분위기는 서울은행과 달랐다. 은행원은 더 이상 책상을 지키는 사무직이 아니었고, 새로운 직장은 직접 고객을 만나 영업하는 적극적이고 경쟁적인 분위기였다. 적응이 힘들진 않았다. 합병 시절을 보내며 어떤 상황에서도 잘할 수 있다는 믿음이 생겼고, 역동적인 분위기를 오히려 즐길 수 있었다. 가족을 지키는 가장으로서 일할 수 있다는 사실에 감사할 따름이었다.

이런 태도는 고객에게도 그대로 닿았다. 금융기관에 맡기는 고객의 재산은 한 가족을 지키는 소중한 자산이었다. 대출이나 보험 같은 상품을 판매할 때도 실적보다는 고객의 필요가 우선이라는 원칙을 지키려 애썼다.

"고객에게 필요하지 않은 상품인데 실적을 올리자고 팔 수는 없죠. 특히 보험 상품의 경우 자세한 설명이 필요할 뿐만 아니라 고객의 상황을 고려하는 게 당연한데, 실적에 쫓기면 이런 상식들을 쉽게 잊고 맙니다."

성실히 일했지만 퇴직을 앞두고 결단을 피할 수는 없었다. 2011년, 명예 퇴직자를 모집하는 공고가 붙었다. 정산되는 퇴직금 외에 특별 퇴직금이 지급되는 조건이었다. 정년 퇴직을 3년 앞둔 상황이었기 때문에 고민이 이어졌다. 은행에 남으면 수입은 좀 더 생기겠지만 3년 후엔 환갑에 가까운 나이였다. 새로운 일을 시작하려면 조금이라도 일찍 도전하는 것이 낫겠다고 판단했다.

30여 년 동안의 직장 생활을 마무리하며 인생을 돌아보는 동시에 앞으로 살아갈 날들에 대해 생각하기 시작했다. 대학 졸업을 앞둔 둘째 아들까지 자리를 잡으면 교육비 지출은 더 이상 없을 예정이었다. 어떤 일을 할지 걱정할 시간에 일단 무엇이든 해보자고 생각했다. 아무것도 결정되지 않은 상황에서 의지할 것이라곤 닥친 상황을 긍정적으로 생각하는 태도뿐이었다. 무난하고 성실하게 살아온 인생에 대한 믿음이 있었고, 몸도 건강하고 체력도 좋았다. 그의 낙관은 분명한 근거가 있었다.

전직 은행원, 소비자의 편에 서다

||||||||||||||||

큰 돈벌이가 되지 않더라도 일단 재취업을 하기로 마음먹었다. 직종은 구분하지 않았고, 육체노동이라도 괜찮다고 생각했다. 창업을 알아보기도 했지만 확신을 가진 아이템이 아닌 이상 위험 부담이 크다고 판단했다.

재취업을 마음먹고 가장 먼저 찾아간 곳은 지역 고용센터였다. 구직 상담을 받고, 퇴직자 대상 강좌에 참석했다. 퇴직 후 가져야 할 마음가짐과 정보 검색 방법 등을 알려주는 단순한 강의였지만 덕분에 다양한 이력을 가진 퇴직자들과 만날 수 있었다. 지인 대부분이 금융업계 선후배인 탓에 대화 주제는 늘 한정돼 있던 참이었다. 고용센터에서 다양한 사람들을 만나 이야기하며 세상을 다시 배우는 느낌이 들었다. 이때 만난 사람들이 불특정한 금융 소비자의 입장을 고려해야 하는 지금의 일에 큰 도움이 되었다.

맞벌이를 하는 아들 부부를 위해 손주를 돌보며 여러 회사에 이력서를 넣었다. 은행 퇴직자들의 재취업 직장은 재직 시절 거래처였던 회사의 대출 담당 임원이나 저축은행의 계약직 지점장, 중소기업의 회계 업무나 보험회사 영업직이 대부분이었다. 그러나 은행 대출 문턱이 낮아지며 거래처에서 전직 은행원을 고용하는 추세도 줄어들었고, 젊은 퇴직자들이 많아져 다른 취업처도 현저히 줄었다. 보험회사에서만 계속 연락이 왔다. 실제로 한 보험회사의 면접을 마치고 출근을 고민하기도 했다.

"은행에서 근무할 때는 보험 판매가 업무의 일부였으니, 고객의 상황을 살피며 실적 중 일부를 포기해도 괜찮았습니다. 하지만 보험 영업이 주 업무가 되면 그런 양심적인 행동이 불가능할지도 모른다는 생각에 고민이 많았습니다."

현재 금융소비자연맹의 민원 중 많은 비중을 차지하는 것이 바로 보험 관련 건이다. 단순한 보장성 보험이 아니라 원금에 손실이 오는 상품이 많아 계약 내용과 해지 관련 민원이 끊이지 않는다. 예를 들어 저축성 보험의 경우 일반 저축과 달리 만기까지의 기간이 매우 길기 때문에 필요에 의해 해지를 고려해야 할 경우가 생기곤 한다. 그러나 원금 보전과 이자에 대한 설명이 보험 영업 과정에서 자세히 이뤄지지 않는 것이 현실이다.

보험회사 출근을 망설이고 있을 때 금융소비자연맹의 구직 공고가 눈에 들어왔다. 은행에서 근무할 때 들어보지 못한 곳이었기에 홈페이지와 관련 기사들을 꼼꼼히 살폈다. 금융 소비자의 권익을 위한 단체라는 사실을 확인하고 난 후, 꼭 이곳에서 일하고 싶다고 생각했다. 경력을 활용해 사회에 조금이라도 도움이 될 수 있는 일을 해보고 싶었다.

이력서를 좀 더 꼼꼼히 손본 후 제출했고, 면접 연락이 온 후에는 예상되는 질문을 모두 뽑아 준비에 몰두했다. 손주를 면접관 자리에 앉혀 놓고 연습을 하는 모습에 아내는 안쓰러운 눈빛으로 '아직 퇴직한 지 반년도 안 지났으니 조금 더 쉬어도 된다'며 위로의 말을 건네기도 했다. 아내의 말은 고마웠지만 일단 합격은 하고 봐야 했다. 그의 답변에 손주는 방글거리며 웃었다. 좋은 예감이 머릿속을 스쳐지나갔다.

그는 면접에서 다섯 명의 서류전형 합격자를 제치고 사무처장으로 입사에 성공했다. 한 명을 선발하는 자리에 수십 명의 이력서가 접수됐다는 후문을 듣고는 가슴을 쓸어내렸다. 지원자 중엔 명문대 석·박사 학위를 가진 금융권 종사자들도 많았다고 했다. 시간이 흐른 후 그는 대표로부터 공격적인 영업보다는 고객을 우선하며 정직하고 성실하게 살아온 이력에 눈이 갔다는 합격 이유를 들을 수 있었다. 앞으로 어떤 일을 하게 되더라도 그 이유를 단단히 새기기로 결심했다.

당신의 권익을 보호하기 위해

|||||||||||||||

[사례 1]

40대 주부 김 씨는 정기 적금 가입을 위해 은행을 찾았다가 직원의 권유로 '저축보험'에 가입했다. 정기적으로 저축을 하면서도 보험이 갖는 보장 혜택까지 챙길 수 있는 상품이라고 했다. 납부 기간이 10년이라는 것이 마음에 걸렸지만, 비과세 혜택을 받을 수 있다는 말에 가입을 했다. 몇 년 후 목돈이 필요해 해지를 시도했으나 돌아올 돈은 그때까지 부은 원금의 절반도 되지 않았다. '저축'인 줄 알았지만 실체는 '보험'이었던 것이다. 한 발 더 나아가 은행은 원금이 아까우니 그에게 상품은 그대로 두고 상품을 담보로 '약관 대출'을 권했다. 높은 이자를 따로 내는 것은 당연했다.

[사례 2]

60대 퇴직자 윤 씨는 열심히 모은 돈 1억 원을 예금하기 위해 은행을 찾았다. 전통적인 예금은 은행에 큰 이익이 되지 않는 상품이다. 직원은 투자형 상품을 권했고, 높은 '수익'을 높은 '이자'라는 뜻으로 받아들인 그는 직원이 일러주는 대로 서명했다. 만기일에 윤 씨에게 청천벽력 같은 일이 벌어졌다. 투자 손실로 원금 4000만 원을 잃게 된 것이다. 그러나 가입자 측에 이런 위험을 설명했음을 알리는 공란에 모두 서명이 되어 있는 상태였다. 법원까지 간 이 사건은 결국 '은행의 책임 없음'으로 끝났다. 무심코 한 서명이 은행의 면책 사유가 된 것이다.

예측 가능한, 혹은 생각지도 못한 민원과 금융 피해 상담에 둘러싸여 바쁜 나날이 시작됐다. 전 직장과는 전혀 다른 세계로 들어오게 된 것이다. 현재 우리나라의 금융 시장은 철저히 공급자 중심으로 돌아가고 있다고 그는 말한다. 방대한 지식과 법률의 전문성으로 무장한 금융회사에 일반인이 민원으로 맞서기는 힘든 경우가 대부분이다.

"국내 은행의 규모는 2000년대 이후 점점 커져 현재 세계 100대 기업 안에 국내 은행이 여럿 포함될 만큼 거대해졌습니다. 그에 따라 소비자 권익에 대한 인식도 함께 성장해야 하는데 현실은 그렇질 못합니다."

그는 전직 은행원이었다. 인생의 반을 은행에서 보냈고 누구보다 즐겁게, 열심히 일했다. 아무리 소비자를 생각한다고 해도 그는 은행 소속이었다. 실적을 채우기 위해 상품을 판매해야 했고, 공급자 입장에서 사고하고 행동하는 일이 우선이었다. 30년 가까운 세월을 거쳐 자리잡은 사고방식이 일순간에 바뀌지는 않았다. 자아가 갈등하는 상황에서 그도 처음엔 혼란스러웠다.

그러나 소비자의 권익을 위해 일하는 것은 은행의 성장을 위한 일이기도 했다. 소비자와 건강하게 소통해야 은행 또한 성장할 수 있다. 고객의 신뢰를 받지 못하는 금융기관은 존재하기 힘들다. 전직 은행원으로서 금융 발전의 균형을 맞추고 은행을 비추는 거울 역할을 하는 일은 큰 의미가 있다고 생각했다.

시간이 갈수록 은행 내부에서도 소비자의 권익에 대한 자각이 높아지고 있다. 형식적이었던 은행 민원 창구는 정규 부서가 됐고, 임원급 책임자를 지정하고 있다. 소비자 없이 은행이 존재할 수 없다는 사실을 생각하면 당연한 일이지만, 우월한 위치를 고수하며 고객 만족과는 거리가 있던 옛날을 생각하면 큰 변화라고 볼 수 있다.

은행의 생리에 대해 잘 알고 있다고 생각했지만 다양한 민원과 금융 문제들을 구체적으로 접하며 폭넓은 소비자들의 고충을 실감하게 됐다. 아무리 적은 금액이어도 누군가에겐 소중한 노동의 대가였다. 사무적으로만 대했던 돈이 사람의 삶에서 나온 땀의 대가라는 자각은 정신을 번쩍 들게 만들었다. 그는 더 이상 전직 은행원이 아니었다. 은행 지점의 수와 비교도 안 되는, 별처럼 많은 소비자들의 권익 보호에 동참한 한 명의 시민이었다.

내일 느낄 긍정의 근거는 바로 오늘

||||||||||||||

세상이 변하면서 은행을 비롯한 금융업계도 빠르게 변하고 있다. 이익 창출을 위한 금융 상품은 파생에 파생을 거듭하며 다양해졌고, 그만큼 소비자들의 피해 사례도 각양각색이다. 관련 업무에 대해 잘 안다고 생각했지만 지속적인 공부 없이는 변화하는 환경에서 버티기 힘들어졌다. 금융에 관한 지식과 법, 제도 개선을 위한 공공기관의 프로세스까지. 30년의 은행 경력이 무색할 만큼 공부해야 할 것들은 많았다. 금융소비자연맹의 정년은 70세까지다. 그동안 열심히 공부하고 실력을 쌓아 이곳에 찾아오는 이들에게 더 적극적으로 도움을 주고 싶다고 그는 다짐한다.

일의 변화는 생활에도 변화를 가져왔다. 연봉이 이전보다 줄어든 만큼 자연스럽게 생활은 소박해졌다. 그와 아내는 가계 지출과 노후 자금에 대한 계획을 꼼꼼히 세웠다. 그가 가장 먼저 짚어본 부분은 보험이었다. 보험에 가입할 때, 만기일 설정은 놓치기 쉬운 부분이다. 보통 매월 넣을 액수와 만기 시에 받을 액수 정도를 체크하는 데 그치지만, 성공적인 노후 대비를 위해서는 자신의 라이프 사이클에 맞춰 만기 기한을 잘 따져보는 것이 중요하다고 그는 덧붙였다.

"예상되는 퇴직 시점으로 보험의 만기를 잡아놓아야 합니다. 회사원이든 자영업자든 마찬가지예요. 50대 중반 이후에는 건강 보험이 아닌 연금 같은 저축 상품에 돈을 붓는 것은 별로 도움이 안 될 수도 있어요. 자신의 상황을 잘 고려해야 합니다."

보험 정리만으로도 적지 않은 지출을 잡을 수 있다. 전체적인 생활 규모를 줄여야 하는 상황에서 정기적으로 나가는 지출의 관리는 의미가 크다. 사람에 따라 다를 수 있지만 일반적으로 나이가 들수록 자녀 교육비 같은 큰 지출이 줄어들기 마련이다. 대신 의료비 등 노후에 반드시 할애하게 될 비용을 계산해야 한다. 또한 노후 대책에 있어 검소함과 간결함은 중요한 덕목 중 하나라는 점도 기억해야 한다.

계산을 마치고 한 달에 쓸 수 있는 금액이 나왔을 때 그와 아내는 짧은 한숨을 쉬었지만, 수입이 생활에 미치는 영향은 생각보다 크지 않았다. 외식이 줄었어도 가족들이 함께하는 식사는 장소가 어디든 즐거웠다. 물건을 아껴 쓰고, 조금 더 저렴한 물품을 사야 했지만 일상이 남루해지진 않았다. 많은 사람들에게 도움이 되는 일을 하고 있다는 충족감은 일상을 보람차게 만들었다. 직접 느끼고 경험하기 전에는 알 수 없던 것들이었다. 가계부 쓸 것도 없다고 투덜거리는 아내가 방송과 신문에서 남편을 봤다는 안부 인사를 은근히 즐기는 것 같다며 그는 슬며시 웃었다.

"즐겁게 은행에서 일했고, 이제는 은행을 이용하는 소비자들을 위한 일을 하고 있습니다. 새로운 일을 즐겁게 하고 있으니 여러모로 전 운이 좋은 사람인 셈입니다. 건강하다는 사실이 가장 감사하죠."

운이 좋았다고 말하는 이들을 살펴보면, 그 '운'이 어느 날 갑자기 주어진 것이 아닌 경우가 대부분이었다. 성실함과 집중력, 의지가 담긴 열정이 적절한 상황을 만날 경우 생기는 시너지를 '운'이라고 부르는 것이 아닌가 싶다. 강형구 씨는 은행원으로서 긍정적이고 정직하게, 고객의 입장을 생각하며 순리대로 일했다. 평생의 경력을 유용하고 소중하게 쓸 수 있는 두 번째 직장도 순리처럼 다가왔다. 삶에 대한 '과유불급'이 짙게 배어 있는 그의 긍정은 분명한 이유와 근거가 있었다.

긍정적인 힘의 근거가 될 오늘을 걱정과 불안으로 허투루 살지는 않았는지 되돌아보자. 미래가 현재의 연장선인 만큼, 충실한 오늘은 삶을 긍정할 수 있는 내일을 가져다 줄 것이다. 일단 주어진 순간을 최선을 다해 사는 것이 중요하다는 단순한 진리를 다시 깨닫는다.

중장년층의 재취업을 위한 정부 취업 지원 프로그램

─────

재취업 준비에 도움이 되는 구직 사이트는 다양하지만, 우선 정부 기관의 구직 프로그램을 살펴볼 것을 추천한다. 취업 정보는 물론 다양한 심리검사부터 상담, 재취업을 위한 교육까지 체계적이고 알찬 프로그램이 마련돼 있다. 각 지역별 고용센터와 중장년일자리희망센터에서 다양한 정보를 얻을 수 있다.

1. 직업능력 증진 지원 기관·제도·프로그램

프로그램명	대상	주요 내용	문의
중장년 일자리 희망센터	만 40세 이상 중장년	생애경력 설계, 이직, 재취업 등 단계별 프로그램과 상담 서비스 제공	장년 워크넷 (www.work.go.kr/senior/main/main.do) ※ 지역별 중장년일자리희망 센터로도 문의 가능

서울시 50+포털	중장년층 누구나	채용 및 사회공헌 일자리 정보 제공, 인재뱅크 운영	서울시 50+ 포털 홈페이지 (www.50plus.or.kr) ※타 지역 유사 사이트 - 부산 장노년일자리지원센터 (www.busan50plus.or.kr) ☎ 051-864-6300 - 대전시 인생이모작지원센터 (www.daejeonsenior.or.kr) ☎ 042-719-8351
국민 내일배움 카드	구직자 및 자영업자	구직자가 재취업에 필요한 훈련을 받을 수 있도록 교육·훈련 비용 지원	직업훈련포털 홈페이지 (www.hrd.go.kr)
폴리텍 대학 신중년 특화과정	만 45세 이상 중장년	· 중장년 재취업과정 운영 · 국비 무료 직업훈련 제공 (훈련수당과 교통비 지급)	한국폴리텍대학 (www.kopo.ac.kr) ☎ 032-650-6780
고령자 인재은행	만 50세 이상의 장년 구직자	· 구인·구직 등록, 직업 지도 및 취업 알선 · 직업 상담 및 정년 퇴직자의 재취업 상담 · 취업능력 향상 프로그램 운영	고용노동부 홈페이지 (www.moel.go.kr) ☎ 032-650-6780
시니어 인턴십	미취업상대인 만 60세 이상으로 개발원 및 운영기관에서 교육을 이수한 사람	· 인턴(3개월) 및 계속고용 약 (6개월 이상) 체결 시, 월 급여의 50%를 기업에게 지원 (최대 270만 원) · 공익 활동, 재능 나눔, 채용 정보 및 교육 내용 제공	한국노인인력개발원 홈페이지 (www.kordi.or.kr) ☎ 1577-0151

2. 각 부처별 정부 일자리 사업

일자리	대상	주요 내용	문의
고용노동부 산업현장 교수단	오랜 경험과 기술·기능을 보유한 우수 숙련기술인	우수 숙련기술인이 오랜 경험과 기술을 활용해 중소기업, 직업 교육 훈련기관에 기술 전수 등을 할 수 있도록 지원	숙련인기술포털 마이스터넷 (meister.hrdkorea. or.kr) ☎ 032-509-1800
고용노동부 고위험업종 안전지킴이	산업안전 및 건설업, 조선업 분야의 실무 경력이 있는 퇴직자	매년 초 모집, 안전보건공단 홈페이지 참조(2021년부터 조선업 분야 시행)	- 고용노동부 ☎ 1350 - 안전보건공단 (www.kosha.or.kr) ☎ 1644-4544
보건복지부 노인일자리	· 공익 활동, 재능 나눔 : 만 65세 이상 · 시장형 : 만 60세 이상	노인을 위한 공익 활동, 일자리, 재능 나눔 등 다양한 사회활동 지원	보건복지부 홈페이지 (www.mohw.go.kr) ☎ 129
문화체육 관광부 문화관광 해설사	퇴직자, 향토 사학자, 주부 등	지역 문화유산을 찾는 관광객들에게 문화유산의 의미를 쉽게 풀어 해설	- 한국관광공사 관광인력교육팀 ☎ 033-738-3000 - 각 지방 자치단체 관광 관련 부서
문화체육 관광부 이야기 할머니	만 56~70세 지식과 인성을 갖추고 유아 교육에 열정을 가진 여성	유아 교육기관에 파견돼 선현 미담과 전통 이야기 구연 프로그램 운영	한국국학진흥원 이야기할머니사업단 (www.storymama.kr) ☎ 080-751-0700
환경부 환경지킴이	거주민 우선 채용	국립공원 등 장년층이 일하기 적합한 분야에서 환경지킴이로 활동할 수 있도록 지원	- 국립공원관리공단 환경관리부 ☎ 033-769-9300 - 환경부 ☎ 1577-8866

산림청 공공산림 가꾸기	장년 미취업자, 농·산촌 저소득계층, 장기 실업자 등	숲 가꾸기 사업에 참여할 수 있도록 지원	- 산림청 홈페이지 (www.forest.go.kr) ☎ 1588-3249 - 지방자치단체, 지방 국유림사무소
산림청 산림서비스 도우미	장년 미취업자를 비롯해 산림서비스 도우미 교육을 수료한 자	산림 교육 활성화 및 산림 문화 휴양 진흥 활동을 할 수 있도록 지원	- 산림청 홈페이지 (www.forest.go.kr) ☎ 1588-3249 - 지방자치단체, 지방 국유림사무소
미래창조 **과학부** 고경력 과학 기술인 (ReSEAT)	만 50세 이상 고경력 퇴직 과학인	고경력 과학기술인이 경험과 지식을 활용하여 산학연 R&D 활동 및 과학 교육으로 청소년의 창의성을 함양할 수 있도록 지원	한국과학기술정보연구원 ReSEAT 사업팀 홈페이지 (www.reseat.or.kr) ☎ 02-3460-9175
교육부 산업체 우수강사	모집 분야의 자격을 소지한 산업체 현장 경력자	산업 현장 출신 기술자 및 전문가가 특성화고 등에서 강사로 활동할 수 있도록 지원	- 교육부 홈페이지 (www.moe.go.kr) - 지역교육청
외교부 KOICA 자문단	개발도상국 정책 자문, 지식 전수 및 의료 활동 관련 분야 실무 경력 10년 이상을 보유한 자	전문 지식을 활용해 우리나라의 발전 경험을 개발도상국에 전달할 수 있도록 지원	KOICA 홈페이지 (kov.koica.go.kr) ☎ 1588-0434

2부

*

내 일은 스스로 만든다

와인으로 이룬
'덕업일치'

취미가 업이 된 사람들, 소위 '덕업일치'를 이룬 사
람들에게 항상 궁금했던 것이 있다. 취미에서 오는
즐거움이 일이 됐을 때도 지속될까? 취미이기에 누렸던 즐거움
은 수익을 비롯한 평가 지표 앞에서 사라지지 않을까? 생각만
큼 잘 풀리지 않는 상황에서 "그래도 좋아하는 일 하잖아?"라
는 말은 더 깊은 상처를 남기기도 할 것이다. 좋아하는 일이어
도 힘들 때는 힘든 법이고, 오히려 더 잘하고 싶어 조바심이 나
부담이 배가 되는 경우도 있다.

취미가 직업이 되기 위해서는 전문성을 갖추는 것이 중요하
다. 김욱성 씨는 업무량이 많기로 유명한 대기업에서 정년 퇴직
을 했다. 취미나 퇴직을 위한 준비는커녕 현업을 위한 대학원
진학 등의 자기계발조차 사치스러울 만큼 일상은 급박하고 피
곤하게 반복됐다. 그 안에서 와인이라는 취미를 가꾸고 두 번째
인생의 키워드로 이끈 그의 이력은 매우 흥미로웠다.

그의 유튜브 채널 〈김박사의 와인랩〉에는 와인에 관한 알찬 정보들이 깔끔하게 정리돼 있었다. 코로나19로 인한 '집콕' 생활에 활력을 줄 마트용 와인을 소개하는 영상을 클릭했다. 공들인 내용과 편집은 물론, 질문 댓글에 달린 정성어린 답변으로 '김박사'의 전문성과 열정을 한 눈에 알 수 있었다.

"와인은 풍부한 서사를 가진 술입니다. 알고 마시면 더욱 즐겁고, 향긋한 술과 함께 대화가 끊이지 않는 유쾌한 시간을 만들 수 있습니다."

술이 취미에서 공부의 대상이 되기까지, 두 번째 인생을 만들어낸 와인에 대한 그의 태도는 즐거우면서도 진지했다.

와인을 사랑하게 되기까지

|||||||||||||||||

어떤 수식어를 붙여도 와인이 '술'임은 분명하지만, 그는 술로 연상되는 것들과는 거리가 있는 진중하고 성실한 인생을 살아왔다. 부산에서 대학 졸업을 앞두고 있던 1983년, 지방대 출신이라는 패널티를 극복하고 대기업에 취업할 수 있는 이력을 만들기 위해 미국 유학길에 올랐다. 유학은 물론 해외여행조차 보편

화되지 않았던 시기였다. 먹을 쌀을 챙겨서 떠날 만큼 해외 생활에 무지했지만 미래에 대한 절실함이 그를 움직였다. 1987년 귀국 후 삼성물산에 입사했고, '상사商社맨'으로 직장 생활을 시작했다. 대기업 상사를 통하지 않고는 큰 규모의 무역을 진행할 수 없던 시절이었다.

입사 3년 후인 1991년, 유학 이력을 가진 그는 인력개발원 내 국제화팀에 합류하게 된다. 직원들의 영어 교육 커리큘럼을 짜고 미국 현지의 좋은 강사를 발굴하는 것이 그의 업무였다. 10년간의 인력개발원 생활은 야근은 물론이고 주말까지 반납해야 할 만큼 업무 강도가 높았지만 즐거웠다. 지식을 매개로 한 소통의 기쁨과 보람은 컸다. 직장 생활을 버티게 하는 요소가 꼭 월급만이 아니라는 걸 알게 해준 시절이었다.

2002년, 그는 계열사인 신라호텔의 해외 영업·마케팅 팀장으로 발령을 받았다. 500개가 넘는 객실과 연회장을 총괄하는 건 완전히 새로운 일이었다. 24시간 숨 가쁘게 돌아가는 호텔 업무는 상상 이상이었다. 2002년은 월드컵이 열려 국제 행사가 그 어느 때보다 많은 해였다.

가장 중요한 업무는 연회와 관련된 식사와 케이터링 서비스였다. 연회에 제공되는 모든 코스 요리는 담당 셰프를 포함한 관련자 모두의 평가와 점검이 필수였다. 식기와 조리 과정, 서빙 시간까지 실제 식사와 똑같이 구현됐고 소믈리에가 엄선한 와인 테이스팅도 함께 이루어졌다. 술을 즐기지 않던 그였지만 연회 준비 과정을 통해 음식과 조화를 이루는 술, 와인의 존재를 알게 되었다. 포도로 다채로운 맛과 향을 머금은 술을 빚을 수 있다는 사실이 경이로웠다. 잘 맞는 와인을 곁들이면 음식의 풍미가 달라졌고, 높아진 식탁의 품격은 식사하는 사람들을 즐겁게 하고 모임의 공기를 바꿔놓았다.

신라호텔에서 와인을 본격적으로 접하며 그는 예전 기억을 떠올렸다. 1990년대 중반 인력개발원에서 근무하던 시절, 사내 영어 교육을 담당할 강사를 초빙하기 위해 미국으로 자주 출장을 갔다. 당시만 해도 외국에서는 한국을 북한과 대치하고 있는 내전 지역으로 인식하는 일이 빈번했기에, 파격적인 조건에도 강사들은 협상에 날을 세우곤 했다. 이때 분위기를 풀고 이야기를 끌어가는 데 도움을 줬던 것이 바로 식사를 하며 곁들이는 와인이었다. 스토리를 품은 알코올은 날선 신경을 무디게 하고 분위기를 화기애애하게 만드는 묘약의 역할을 톡톡히 해냈다. 와인을 공부해보고 싶다는 생각을 했지만 늘 현업에 밀리곤 했는데, 이제 와인이 업무의 일부가 됐으니 좋은 기회라고 생각했다. 새로운 세계로 입문할 때 늘 그랬듯 책을 먼저 펼쳤다. 그러나 와인의 세계는 만만하지 않았다.

포도나무를 전파하다

||||||||||||||

중세 유럽, 다양한 지역에 파견된 선교사들은 어디를 가든 포도나무를 들고 이동했다고 한다. 와인을 만들 포도를 얻기 위해서였다. 십자군 원정에 파병된 병사들도 와인이 든 술병을 챙겼다. '예수님의 피'라는 종교적 의미 외에도 수인성 전염병을 예방하려는 목적도 있었다. 이동이 빈번한 상황에서 '물갈이'라 부르는 세균성 장염에 걸리면 급성 설사로 인한 탈수 때문에 사망하는 경우가 많았다. 이때 식수에 와인을 섞어 마시면 알코올 성분이 소독제 역할을 했다고 한다. 배앓이를 막 시작한 환자에게도 효과적이었다. 선교사들의 손에 옮겨진 포도나무는 울창한 포도밭이 되었고, 콜럼버스의 신대륙 발견 이후 아메리카라는 신세계에서 자란 포도나무는 또 다른 맛의 와인을 선사했다. 역사를 따라 움직였던 포도나무는 이제 막 와인에 빠진 그의 손에도 한 그루 쥐어졌다.

추천받은 와인 서적들은 쉽지 않았다. 한 병의 와인이 만들어지기까지의 복잡한 과정부터, 디오니소스가 잔을 들던 신화의 시대에서 시작되는 방대한 역사와 종교적 의미, 라틴어와 프랑스어라는 언어적 장벽까지…… 단숨에 알기엔 너무나 많은 지식과 이야기가 엮여 있었다. 와인의 종류도 평생 다 마셔보지 못할 만큼 다양했다. 그럴수록 매력은 더 강하게 다가왔다. 그에게 와인 공부는 먹고 살기 위한 생업과 전혀 관계가 없는, 말 그대로 취미였다. 취미에 시간을 투자해보는 건 처음이었다. 남들에겐 단순한 유흥으로 보일지도 모르는 '술 공부'는 원금 보전은커녕 수익을 기대할 수 없는 무모한 투자 같았다. 공부하는 재미 또한 처음부터 느낄 수 있던 것은 아니었다.

"처음부터 즐거움을 느낄 수 있는 일이 어디 있겠습니까? 어떤 취미든 즐기기 위해 넘어야 하는 임계점이 있습니다. 운전이나 자전거, 등산, 독서도 일정한 지루함을 넘어야 즐길 수 있잖아요. 와인을 처음 공부할 땐 웃음밖에 안 나왔죠. 알 수 없는 단어들과 방대한 지식들에 혼란스러웠으니까요. 하지만 일단 마음이 움직였으니 그 지점부터 시작하면 된다고 생각했습니다."

역사, 철학, 사회학…… 와인과 연결된 인문학 지식들이 과연 와인을 즐기는 데 도움이 될지 의문이 들기도 했지만, 지식의 접점의 중요성을 경험했기에 꼭 필요하다는 결론을 내렸다. 공부를 시작하고 업무 중에 와인을 만나면 알고 있는 내용을 사람들과 나눴다. 업무라는 틀을 넘어 모두가 즐거워했고, 지식과 함께 음미한 와인은 그들에게 이전과 다른 맛과 향을 느끼게 해줬다. '아는 만큼 보고 느낄 수 있다'는 명제는 와인에도 적용됐다. 즐거움은 더 알고 싶은 욕구를 불러일으켰다. 퇴근 후 매일 2시간

이상 책을 읽었다. 일은 많았고 야근의 연속이었지만 매일 해야 할 공부는 절대 거르지 않았다.

2004년, 다시 경영혁신팀으로 돌아온 그에겐 '와인 전문가'라는 별명이 붙어 있었다. 지인들은 데이트나 기념일을 위한 것부터 거래처에 선물할 것까지 상황에 맞는 와인을 추천해달라고 부탁해왔다. 와인을 공부하고 싶다며 이것저것 질문하는 동료도 있었다. 그를 주축으로 사내 와인 동호회가 결성됐고, 취미를 공유한 동료들과의 직장 생활은 한결 즐거워졌다. 회사의 중요한 접대에는 늘 그가 함께 했다. 와인에 대한 이야기로 분위기를 즐겁게 이끌 수 있었기 때문이다. 사보에 와인 이야기를 연재하고 사내 교양 강좌에서 와인 관련 콘텐츠를 기획하기도 했다.

그러나 시간은 흐르고 어느덧 그의 나이는 쉰을 훌쩍 넘기고 있었다. 퇴직의 순간은 그에게도 예외가 아니었다. 직장 생활을 그만둔 후 보낼 시간에 대해 고민해야 하는 시기가 다가오고 있었다.

와인 전문가로 재취업하다

||||||||||||||

대기업의 퇴직 통보에 대한 소문을 들은 적 있다. 55세가 되는 생일 아침, 그동안의 수고를 알리는 형식적인 문구와 함께 퇴사

사실을 사내 메일로 통보한다고 했다. 1957년 9월 출생인 그는 2012년 9월, 정년을 채우고 퇴사했다. 속설에 대해 그는 '메일은 없었다'며 씁쓸히 웃었다.

"삼성물산의 경우 정년 퇴직자가 한 해에 다섯 명 미만입니다. 보통은 정년까지 버틸 수 없는 상황이 된다고 봐야죠. 저는 있을 수 있는 만큼 버텨보자는 생각이었습니다. 그래도 정년이 되는 날은 오더군요."

그 또한 다른 사람들과 마찬가지로 퇴직 후 무엇을 해야 할지 수없이 고민했다. 일단 가장 즐거운 취미였던 와인에 대해 공부하기로 했다. 시작하면 끝을 보는 성격상, 그는 와인의 나라인 프랑스를 제대로 돌아보자고 생각했다. 첫째인 아들은 결혼해 분가한 상태였고 둘째인 딸도 대학 졸업을 앞두고 있었다. 아내도 그의 결정에 동의해줬다. 프랑스어 학원에 등록했고, 와인 투어를 위한 정보를 수집했다. 그동안 써온 원고를 보충해 사진과 함께 책으로 묶어볼 계획도 세웠다.

고민과 계획이 오가며 시간은 흐르고 55번째 생일이 돌아왔다. 젊은 시절을 보낸 회사를 등지고 집으로 돌아온 그는 그동안 모았던 와인 중 가장 마음에 드는 한 병을 골라 쥐었다. 후회 없이, 성실히 보낸 시간이었다. 일단 프랑스행 항공권을 알아봐야겠다고 생각했다. 이제부터 완전히 다른, 그러나 지금까지와 크게 다르지는 않은 인생이 계속될 거라고 생각했다.

그러나 두 달 후, 그가 앉아 있는 곳은 프랑스의 와이너리가 아닌 한 회사의 면접장이었다. 함께 와인을 공부하던 지인이 그에게 딱 맞는 자리라며 동아원그룹 계열사의 식음료 업무 임원 직을 추천했던 것이다. 재취업할 계획이 있던 것은 아니었지만 제안받은 업무가 와인 및 요리 교육 담당이라는 점은 충분히 매력적이었다. 와인에 관심이 많았던 회사는 미국의 와이너리를 매입해 직수입했고 레스토랑도 운영하고 있었다.

"환갑에 가까운 나이인 저를 과연 조직에서 받아줄지 불안한 마음이 들었던 것도 사실입니다. 재취업에 회의적인 마음이 있기도 했고요. 아직은 일할 나이라는 마음과 조금 쉬어도 좋지 않을까, 완전히 다른 일을 해야 하지 않을까…… 여러 생각이 공존했습니다."

면접관들은 그의 이력서를 보고 만나보고 싶었다는 말로 지원을 반겼다. 영어 실력이 뛰어나고 프랑스어가 가능하다는 점, 교육과 호텔 마케팅을 담당했던 이력에 소믈리에 자격증까지 갖춘 그는 준비된 인재라고 평가됐다. 무엇보다도 바쁜 직장 생활 속에서 꾸준히 와인과 어학을 공부한 열정을 높이 샀다. 입사가 결정됐고 바로 업무가 시작됐다. 회사에서 운영되는 와인 전문가 양성 과정은 그가 배우고 싶었던, 전 세계에서 널리 인

정받는 국제 와인 자격인 WSETWine and Spirit Education Trust 아카
데미의 교육 과정이었다.

　와인 강의를 운영하며 더 깊이 공부하고 싶은 욕심이 생겼
다. 포도밭에서부터 한 병의 와인이 만들어지기까지 모든 과정
을 눈으로 확인하고 배우고 싶었다. 유학이라는 단어가 떠오를
때마다 환갑을 넘긴 나이에 대한 상념이 고개를 들었다. 무엇을
하든 몰입하는 그를 보며 좀 더 느긋하게 인생을 즐기라던 지인
의 충고가 떠올랐다. 그는 자신만의 방식으로 인생을 즐기겠다
고 결심했다.

환갑의 나이에 떠난 와인 유학

|||||||||||||||

포르투갈의 작은 도시 포르투Pôrto, 검은 망토에 검은 모자를 쓴
'샌드맨'이 그려진 와이너리 간판이 멀리서부터 관광객들을 반
긴다. 샌드맨 와이너리를 지나면 바다처럼 보이는 광활한 도우
로 강이 펼쳐진다. 강을 따라 펼쳐진 포도밭은 강물에 반사되는
강한 햇살을 받아 더 진한 초록으로 빛났다. 포르투 남쪽 '빌라
노바 드 가이아Vila Nova de Gaia' 지역의 너른 포도밭 부근, 고풍스
런 와이너리들이 지중해의 뜨겁고 투명한 햇살 아래 마치 그림
처럼 보이는 곳이다. 이곳에서 만들어진 와인이 바로 유명한

'포트와인'이다. 17세기에 영국으로 수출되던 포르투 와인은 장기 운송을 위해 브랜디를 첨가했고, 그것이 포트와인의 개성이 되었다. 포트와인은 달콤함에 가려진 높은 도수 때문에 금방 취할 수 있으므로 주의해야 한다. 1715년에 등록된 '킨타 두 노발Quinta do Noval' 와이너리의 견과류와 브랜디 향이 맴도는 포트와인을 맛보면 대기와 흙, 포도, 오크나무의 맛과 향에 더해 와인을 만드는 이들의 손길과 마음까지 느낄 수 있다.

2015년 가을, 그는 프랑스 파리로 유학을 떠났다. 국제와인기구 OIVInternational Organisation of Vine and wine와 몽펠리에대학에서 공동 운영하는 와인 석사 과정을 이수하기 위해서였다. 16개월의 학위 과정에는 네 달에 걸쳐 세계 25개국의 와이너리와 판매 현장을 돌아보는 과정이 포함되어 있었다. 약 3000가지 와인을 시음할 수 있다는 점이 그의 마음을 사로잡았다. 양조가, 포도 재배자, 와인 마케터, 양조와 식음료 관련 학위 소지자 등 실무 위주의 교수진과 포도 재배부터 양조, 시음 기법까지 아우르는 와인과학 및 기술 커리큘럼도 마음에 들었다. 와인 관련 정책과 법제, 마케팅과 경영에 관한 커리큘럼은 오래 전에 마친 MBA 과정을 와인에 적용하는 것 같았다.

1년 이상 혼자 있을 아내에게 미안한 마음도 있었지만 가족들은 그가 언젠가 유학을 떠날 줄 알았다며 응원을 보냈다. 누군가는 유학 이후에 대한 현실적인 충고를 하기도 했지만, 마음을 따라가면 길은 반드시 있다는 믿음이 있었다. 무엇보다 와인을 공부한다는 즐거움이 모든 것을 압도했다.

"필요에 의한 공부는 그동안 많이 했으니 이젠 순수한 즐거움을 위해 돈과 시간을 투자하고 싶었습니다. 그간 보낸 날들이 제가 이 세상에서 숙성되는 시간이었던 것 같아요. 지금이야말로 와인의 진가를 알 수 있는 나이라는 생각이 들었습니다."

약 2년간의 유학은 어려운 공부를 했다기보다는 좋아하는 취미를 풍부히 즐길 수 있었던 시간이었다. 프랑스와 이탈리아에서 온 12명의 학생이 지트Gite라는 단독주택에서 함께 지냈는데, 현지에서 부딪히는 소소한 문제들을 기꺼이 해결해주는 동기들에 대한 고마움으로 그는 기꺼이 식사 준비를 맡곤 했다. 자신이 요리를 하면 그리운 쌀밥에 누룽지까지 한껏 즐길 수 있었기에 그에게도 흡족한 일이었다. 간장 등의 발효장을 쓴 한식과 발효주인 와인은 궁합이 좋아 동기들에게 인기가 많았다. 와인을 매개로 다양한 나이대의 동기들과 어울렸던 시간은 소중한 추억으로 남아 있다.

2018년 귀국한 후 그는 서울숲 와인아울렛에서 부사장으로 일하며 와인 마스터 코스를 개발하고 교육을 담당했다. 이듬해에는 경희대학교 국제경영대학원에서 논문을 마무리하고 박사 학위를 받았다. 자신이 경험한 것들을 공유하기 위해 와인에 관한 다양한 칼럼을 쓰기도 했다. 방문했던 와이너리를 소개하는 와인 칼럼은 마니아들의 인기를 끌었다. 그리고 유튜브 채널 〈김박사의 와인랩〉에 영상을 업로드하며 와인 분야의 주목받는 유튜브 크리에이터가 됐다. 사실 와인은 유튜브에서 큰 인기를 끌 만한 주제는 아니었지만, 이 점이 오히려 도전 정신을 자극했다. 강의와 모임, 칼럼을 통해 호응을 얻은 이야기들과 수많은 와이너리를 방문하며 남긴 기록으로 사람들을 와인의 세계로 이끌 수 있을 것이라는 생각이 들었던 것이다.

현재 〈김박사의 와인랩〉 구독자는 2만 명을 넘어섰다. 다양한 콘텐츠와 진행 매너, 댓글에 달리는 세심한 답변으로 구독자들의 충성도가 높다. 깔끔한 편집은 양질의 콘텐츠를 돋보이게 한다.

"제가 세상에 남길 수 있는 족적이라 생각하고 쉴 새 없이 영상을 찍고 밤새도록 편집 작업에 매달릴 때도 많습니다. 구독과 좋아요, 격려의 댓글 하나로 용기가 생겨나는데 이게 참 재밌습니다. 앞으로도 와인에 대한 흥미로운 이야기나 인문학을 주제로 영상을 발전시키고 저술 활동과 관련 사업을 시도할 계획입니다."

인생을 위한 10퍼센트 투자의 법칙

|||||||||||||||||||

의문을 해결해야 할 시간이 왔다. 취미가 일이 될 경우 즐거움이 사라진다는 일설에 대해서다. 그는 지금도 충분히 와인을 즐기고 있을까?

"충분히 즐기고 있습니다. 와인 문화 성장에 기여하고 있다는 자부심도 있고, 와인의 모든 부분을 한껏 즐기고 있는 것 같아요. 이런 진심이 삶이나 일에 있어 더 좋은 결과를 가져오고 있다고 생각합니다."

그의 생활은 와인을 중심으로 돌아간다. 일은 물론 강의와 유튜브, 공부도 지속하고 있다. 와인을 큰 줄기로 일과 취미는 균형을 맞춰 꾸려진다. 취미를 업으로 바꾼 지금, 그는 자신이 와인처럼 계속 숙성되는 중이라는 것을 알고 있다. 오늘 개봉해도 되지만 더 깊은 맛을 위해 시간을 보내며 숙성되는 와인처럼, 여전히 미래를 대비하고 있다.

"기업에선 이익의 최소 10퍼센트를 미래 사업 연구 개발에 투자합니다. 개인도 마찬가지로 하루의 10퍼센트는 미래를 위해 사용해야 합니다. 일이든 취미든 일정한 시간과 돈이 투자돼야

깊이 있는 단계에 이를 수 있습니다. 구체적인 목표를 세우고 현재와 미래에 투자하는 비중을 적절히 배분해야 합니다."

세상은 논리와 직관을 곁들인 감성과 센스의 가치를 높이 평가하는, 그야말로 다양한 콘텐츠의 시대가 됐다. 그는 앞으로도 와인을 중심으로 한 콘텐츠로 다양한 일을 시도해 볼 계획이다. 다양한 사람들과 교류하는 일도 지속하고 있다. 시야를 넓히고 콘텐츠에 풍성한 영감을 주는 것은 결국 사람이기 때문이다.

"'취미'라는 단어에서 가장 먼저 다가오는 건 '즐거움'이죠. 하지만 작은 취미라도 제대로 즐기기 위해서는 목적의식을 가진 공부가 필요합니다. 공부로 깊이 음미한 취미는 즐거움은 물론, 삶에 창의적으로 접근할 수 있도록 도와주거든요."

최근 유행하는 '덕질'이라는 단어와 그의 '취미 공부'가 맞닿는 지점이다. 좋아하는 대상에 대해 시간을 들여 공부하고 더 깊이 빠져들며, 음미하고 즐거움을 느끼는 과정은 와인과 닮아 있다. 와인은 포도나무가 자랄 때부터 정성을 다해 투자한 만큼 깊은 맛을 내고 그 가치를 인정받는다. 그 깊은 맛을 다른 사람들과 나누며 더 큰 기쁨을 누릴 수 있다는 점 또한 그렇다. '와인 같은 인생'에 대해 다시 한 번 생각해 볼 때다.

카메라 너머의
사람을 바라보다

회사나 조직에서 일하기 위해 대부분의 사람들은 비
슷한 취업 경로를 거친다. 학교 졸업 후 전공과 상황
에 맞춰 처우나 복지 조건을 살핀다. 자신의 적성에 관해 고민
하는 단계는 조급함 때문에 생략될 때가 많다. 직장에 들어간
후에도 눈앞의 일에 매몰돼 스스로에 대해 진지하게 생각하거
나 10년, 20년 후를 계획할 여유를 갖기 힘들다. 소위 말하는 안
정적이고 좋은 회사에 다니고 있을 경우엔 더욱 그렇다. 그러나
정년이 다가오고 하던 일을 멈춰야 할 때, 비로소 자신에 대해
돌아보는 시간을 갖게 된다. 무엇을 할 수 있을지 아무런 계획
도 세우지 않았거나, 생각은 있어도 준비하고 실행할 여유를 갖
지 못한 경우 막막한 상황이 될 수도 있다.

　직장 생활의 막바지에서 돌연 자신에 대해 돌아보게 될 때
고민해야 할 것들에 대해 나종민 씨는 희미하지만 명확한 단서
를 던졌다. 그는 사진관을 비영리 법인으로 운영하고 있다. 스

마트폰의 보급으로 대부분의 사람들이 좋은 카메라를 갖고 있는 것이나 마찬가지인 시대, 사진관은 우리 주변에서 하나 둘 자취를 감추고 있다. 그러나 10년 가까이 운영되고 있는 그의 사진관은 보통의 사진관과는 다른 의미로 존재하고 있다.

출장 촬영에서 돌아온 나종민 씨를 마주했다. 해외에 입양되는 아이들과 한국에서 아이를 위탁 보호한 부모들이 함께 찍는 마지막 사진, 그리고 아이를 입양할 부모들과의 첫 사진을 작업하고 돌아왔다고 했다. 오래 전부터 해온 작업이지만 특별히 더 몰입해서 진행하는 일이었다.

"다시 돌아오지 않는 소중한 시간을 담는다는 생각이 셔터를 누르는 손가락을 더욱 신중하게 만들죠. 하지만 촬영하는 순간은 즐거운 기억으로 남도록 신나게 일을 합니다."

2012년 '장애인 전문 사진관'이라는 타이틀을 걸고 시작한 '바라봄사진관'은 이제 장애 여부를 떠나 사진을 매개로 하는 나눔의 대명사가 되었다. 함께 뷰파인더를 바라보는 후원자들과 오랜 시간 즐겁게 셔터를 누르고 있는 나종민 대표는 일과 나눔의 즐거움을 위해 고려해야 할 현실적인 이야기를 들려주었다.

카메라와 함께 시작된 바라봄

||||||||||||||

지금은 카메라와 한 몸처럼 살고 있지만, 나종민 씨는 사진 전공자도 아니고 사진을 업으로 삼았던 경험도 없다. 1963년생인 그는 2007년 45세의 나이로 퇴직할 때까지 회사에 다니던 평범한 샐러리맨이었다. 경영학과를 졸업한 많은 동기들이 금융 계열로 입사할 때 그는 IT 업계에 취업했다. 새로운 분야에 도전한다는 자부심에 가득 차 있던 시절이었다.

그는 KCC정보통신과 쌍용정보통신을 거쳐 미국계 소프트웨어 회사인 마이크로 스트레티지로 이직했다. 열정적으로 일한 덕택에 이직 7년 만에 외국계 회사의 한국인 지사장이 됐다. 최고의 대우를 받았고 업무에 있어 성취감도 최고에 달한 시기였다. 그러나 일하는 재미보다는 지사장으로서의 책임이 강조되자 시간이 지날수록 직장 생활에 흥미를 잃어갔다. 지시하고 관리하기보다는 직접 현장에서 일하는 게 좋았다. 금전적인 여유는 생겼지만 계속 이렇게 살아도 되는지 자문하는 시간이 많아지기 시작했다.

고민 끝에 일과 거리를 두기로 결정하고 2006년 퇴직을 했지만, 이듬해 경쟁사의 적극적인 제안으로 다시 회사로 들어갔다. 입사 직후 회사는 바로 미국 IT 회사인 오라클에 합병됐고, 합병사에서는 지사장 시절보다 높은 연봉을 받는 임원이 됐다.

환경은 역동적으로 바뀌었지만 방향을 잃은 느낌은 사라지지 않았다.

높은 연봉과 40대 후반은 아직 일을 할 나이라는 주변의 만류에도 불구하고 새로운 시작이 필요하다는 생각에 사직서를 냈다. 직장 생활을 시작한 지 21년만의 일이었다. 아직 초등학교와 중학교에 다니는 두 아들이 있었기에 가장의 경제적인 역할에서 해방되진 않았던 시기였다. 재취업을 고민한 순간도 있었지만 퇴직을 앞두고 있거나 재취업한 지인들 모두 은퇴라는 기한 위에서 아슬아슬한 줄타기를 하는 것처럼 보였다. 자신처럼 모두 20년 넘게 열심히 일했던 이들이었다. 조직에서 느낀 갑갑함을 생각하면 돈이 일의 전부가 아니라는 생각이 들었다. 다른 인생을 살아보고 싶다는 마음이 들었지만 분명한 것은 없었다.

숱한 의문과 고민 속에서 다른 퇴직자들처럼 운동과 여행으로 시간을 보냈다. 가족들과 함께 시간을 보내며 추억을 남기기 위해 사진을 찍었다. 사진을 배우고 싶었던 오래 전 기억이 살아난 건 그때였다. 바쁜 직장 생활 틈틈이 가족들과 여행을 다니며 사진을 찍었던 기억이 떠올랐다. 문득 찾아본 사진 속엔 그 순간의 즐거운 추억들이 고스란히 남아 있었다. 가족들의 웃는 모습과 아름다운 풍경들을 뷰파인더로 바라보며 사진을 제대로 배웠다면 좋았겠다는 아쉬운 마음이 생겼다. 가벼운 마음으로, 즐겁게 사진을 배워보기로 결심했다.

집에서 가까운 학원을 찾아 등록하며 오랜 생각을 실천에 옮겼다. 학원까지 가는 이 가까운 길을 왜 진작 오지 못한 건지 조금은 허탈한 마음이 들었다. 한 달에 30만 원씩 6개월의 학원비를 지출했고, 카메라를 구입했다.

기계나 장비 다루는 일을 좋아했지만 카메라를 조작하는 건 또 다른 세계였다. 사진에는 감각이나 재능보다 치밀한 계산과 기술이 더 많이 요구됐다. 여기에 포토그래퍼의 순간적인 센스가 더해지면 정지된 시간이 프레임 속에서 다른 빛을 품는다. 새로운 깨달음에 그는 삶이 조금씩 확장되고 있다고 느꼈다. 활동적인 그에게 출사 촬영은 큰 즐거움이었다. 그때까지만 해도 사진을 업으로 삼겠다는 생각은 없었다. 다만 뷰파인더를 통해 볼 수 있는 다른 세상이 있다는 것이 흡족하고 신기했다. 그의 '바라봄'이 아직 주변에 머물러 있었던 때였다.

사진의 즐거움에 흠뻑 빠져 있었지만, 퇴직 관련 강의나 수업도 들어봐야겠다고 생각했다. 여러 기관에서 다양한 교육을 진행하고 있다는 걸 알게 됐다. 그중에서 사회공헌이나 봉사 등의 활동을 통해 두 번째 인생을 사회 속에서 시작해야 한다는 슬로건을 내세운 '희망제작소 행복설계아카데미' 강의에 관심이 갔다. 퇴직 전엔 관심을 가질 여유가 없었기에 봉사나 기부를 전혀 생각하지 않고 살아왔다. 사진에 빠졌던 것처럼 낯선 영역에 대한 호기심을 느꼈고, 사회공헌과 봉사를 선택한 다른 퇴직자들의 동기나 계기가 궁금하기도 했다.

강의실에는 그와 비슷하게 20년 이상 직장 생활을 했던 퇴직자들이 대부분이었다. 다들 사회공헌과 봉사에 호기심을 갖고 찾아온 사람들이었다. 프로그램에 참여하며 교육을 듣던 이들과 NPO Non Profit Organization❖ 활동을 지원하는 시니어 사회공헌단 '렛츠Let's'를 만들고 의기투합했다. 사회공헌과 봉사활동 영역에서 카메라는 여러 모로 유용했다. 새로운 일을 향한 열정의 싹이 조금씩 자라는 것이 느껴졌다.

새로운 일상이 재밌어질수록 경제 활동과는 조금씩 더 멀어지고 있었다. 첫째는 어느새 고등학교에 진학했고 둘째는 중학생이 되었다. 아버지의 퇴직과 무관하게 아이들은 무럭무럭 자라 사교육이 필요한 시기가 되었다. 가정의 상황과 자신이 만난 새로운 세계의 즐거움을 조화시킬 방법이 필요했다.

변화를 위한 가장 큰 힘은 가족

꜡꜡꜡꜡꜡꜡꜡꜡꜡꜡꜡꜡

희망제작소 행복설계아카데미를 통한 재능기부 활동은 그가 앞으로 하고 싶은 일이 무엇인지 정확히 알 수 있게 해 줬다. 그는

❖ 국가와 시장을 제외한 제3영역의 비영리단체. 이윤을 추구하지 않는 민간 조직.

사진으로 세상에 도움을 주고 싶었다. 그러나 무엇을, 어떤 방식으로, 누구에게 도움을 줄 수 있을지는 명확하지 않았다. 고민을 거듭하던 중 촬영을 위해 찾아간 특수학교에서 '휠체어를 타고 들어가 사진을 찍을 수 있는 사진관이 없다'는 학부모의 불평을 들었다. 그때 뭔가 할 수 있을 것 같은 생각에 들고 있던 카메라를 움켜쥐었다. '장애 여부와 관계없이 누구나 사진을 찍을 수 있는 사진관'이라는 콘셉트가 머릿속을 스친 것이다.

사진관은 명확한 콘셉트가 없다면 운영하기 힘든 사업이다. 스마트폰으로 찍는 사진도 충분히 좋고, 좋은 장비로 사진을 잘 찍는 사람도 많아 전문가 수준의 사진이 흔한 시대다. 그러나 기술의 발달에도 소외된 사람은 존재했고, 그들을 위해 사진을 찍어줄 사람이 필요했다. 장애인은 카메라 앞에 나서기 힘들어하거나 장소나 비용의 문제로 전문적인 사진에서 소외되어 있는 경우가 많았다. 사진의 즐거움을 모두가 함께 경험했으면 좋겠다는 마음과, 그 즐거움에서 소외된 사람이 없었으면 좋겠다는 바람이 계산에 앞섰다.

퇴직을 앞두고 그는 가족들과 앞으로 달라질 삶에 대해 충분히 대화를 한 상태였다. 더 이상 예전만큼의 수입이 있는 일을 하지 않을 계획이었다. 돈을 벌기 위한 일은 20년 정도 했으면 충분하다고 생각했다. 결혼 초 신입사원 때부터 지사장 시절까지 변함없이 알뜰하게 살림을 해온 아내는 그의 마음을 잘 읽어줬다. 남은 날들을 위해 함께 지출 계획을 세웠다. 지금까지의 검소한 생활을 유지하고 조금 덜 쓴다면 큰 문제는 없을 것이었다.

"많은 퇴직자들이 현재 가진 자산을 축내는 것을 두려워합니다. 그러나 하고 싶은 일을 찾은 후 지금까지 모은 돈을 체계적으로 사용할 계획을 세운다면, 그건 돈을 '까먹는' 것이 아니라 인생을 위해 유용하게 사용하는 것이죠. 돈을 벌고 모으는 이유를 깊이 생각해봐야 합니다."

자신의 인생을 찾아가는 것도 좋지만, 가족의 동의와 지지가 바탕이 돼야 한다는 것을 잊어서는 안 된다고 그는 강조한다. 현명한 아내는 가족의 든든한 버팀목이었다. 새로운 인생에 두 아들의 응원은 무엇보다 큰 힘이었다. 첫째는 착실하게 공부하며 스스로 전공을 택해 대학에 진학했고, 소외 계층 아이들에게 공부를 가르치는 동아리에서 봉사 활동을 시작했다. 둘째 또한 자신의 길을 개척하는 아버지와 형을 보며 진지하게 하고 싶은 일을 고민했다.

많은 이야기를 나누며 사진관 개업에 적극적인 지지를 보낸 두 아들에게는 아버지가 세상을 보여주는 뷰파인더였을 것이다. 최고의 교육은 역시 부모의 솔선수범이라는 것을 그는 아들들을 보며 깨달았다.

바라봄사진관, 세상과 마주하다

||||||||||||||

2012년 서울 성북구에서 '우리 마음, 같은 마음'을 모토로 장애인 전용 바라봄사진관이 문을 열었다. '바라봄'의 '봄'은 'Viewfinder Of Mind'의 약자다. 사진의 즐거움에서 소외된 사람들과 함께하겠다는 소박하지만 확실한 목표도 세웠다. 수익과 사회공헌이 함께하는 사진관, 많은 사람과 소통하는 공간을 만들고 싶었다.

처음엔 찾아오는 손님이 없었다. 장애인들에겐 사진을 찍는 것, 그것도 장소를 이동해서 사진관을 방문한다는 것 자체가 낯선 모험일 수 있다고 생각했다. 발상을 바꿨다. 찾아오지 않으면 찾아가면 된다.

"희망제작소나 다른 비영리기관들을 통해 촬영을 다니기 시작했고 사진관이 알려지기 시작했습니다. 《시사인》 같은 언론이나 지인들이 초기 사진관 홍보에 도움을 줬어요. 이후에는 찾아오는 분들도 생겼고 다양한 일들이 주어졌죠."

10년 넘게 운영되고 있는 사진관의 재정에 궁금증을 갖는 사람들이 많다. 나종민 씨가 돈이나 다른 목적으로 사진관을 운영하는 것은 아니다. 하지만 어떤 사업이든 재정의 문제는 중요하다. 비영리기관인 만큼 수익 사업과 사회공헌 사업 간 균형을 잘 맞추는 것이 운영의 관건이다. 사진관의 지출은 인건비와 임대료가 가장 큰 부분을 차지했다. 2012년 성북동에서 문을 열고 2013년 서교동으로 이전하기까지 직원은 사진사인 그와 사무국장, 단 두 명이었다. 이후 다섯 명까지 늘어났다가 2021년 성수동으로 이전 후 현재 그를 포함해 세 명의 직원이 일하고 있다. 비영리단체 행사와 기업 사회공헌 행사 등의 유료 촬영으로 운영비의 80퍼센트 이상을 해결하고, 일부는 정기후원금으로 충당한다.

대표로서 무급으로 일하던 그는 2018년부터 월급 100만 원을 받기 시작했다. 함께 일하는 대등한 직원으로서 월급을 받는 것이 당연하다는 조언을 따른 것이다. 그가 계속 대표 자리에 있게 될지 알 수 없는 일이니 후임이 될 누군가를 위해, 그리고 제2, 제3의 '바라봄'을 생각하면 당연한 일이었다. 그나마 현재는 절반을 줄여 50만 원을 받고 있다.

촬영 외에도 사진 관련 강의나 인생이모작, 퇴직, 비영리단체 운영 등에 대한 강연 의뢰가 들어오기도 한다. 주로 지인이나 사진 촬영으로 인연을 맺은 분들의 소개로 이어지는 강연은 시간과 여력이 되는 한 흔쾌히 응하고 있다. 강연 수입은 따로 모아 기부하기도 한다. 퇴직 후 10년 가까이 사진 관련 일을 해오며 개인적으로 돈을 벌 목적으로 일을 진행한 적은 없다. 사람들과 함께하는 느낌, 나눔의 기쁨만으로 충분했다. 10년 이상 활동을 유지할 수 있었던 것은 사익 추구를 위해 과장하거나 무리하지 않는다는 원칙이 흔들리지 않았기 때문이라고 그는 말한다. 타인을 위해 일하는 구체적인 마음과 활동에 대해 큰 깨달음을 얻은 사건이 있었다.

"청소년들과 함께 캄보디아에 자원봉사를 다녀온 적이 있었어요. 언론을 통해 잘 알려진 쓰레기 마을을 방문했고 열심히 셔터를 눌렀죠. 문득 뷰파인더 속 주민들의 화난 표정에 정신이 번쩍 들었습니다. 파파라치가 왜 문제가 될까요? 피사체의 의지와는 상관없이 단순히 보는 이들의 흥미를 위한 사진을 찍는 거잖아요. 나는 왜 사진을 찍고 사람들에게 보여주는가를 생각했어요. 사진가로서 지킬 건 지키자고 마음먹었죠."

이 사건으로 그는 모두가 공감할 수 있는 사진, 순수한 기쁨을 공유할 수 있는 사진을 촬영하겠다는 초심을 되새겼다. 기부나 모금, 후원 활동을 홍보하기 위한 사진이라도 상대방의 동의가 있어야 했다. 사진과 봉사에 대한 생각이 더 깊어지는 계기였다. 피사체와 카메라의 동등한 시선을 유지하며 사진을 찍겠다고 다시 한 번 마음을 다졌다.

뒤에 올 바라봄을 꿈꾸며

|||||||||||||||||

그는 한결같이 바쁘게, 열정적으로 살아왔다고 회상한다. 그러나 퇴직 전까지 그의 인생 주체는 '나'였다. 남들만큼 열심히 살았지만 그건 일하는 '나', 한 가족의 가장인 '나'에 국한된 삶이었다. 이제 사진을 찍는 '나'는 뷰파인더 속의 '당신', 사진을 바라보는 '그들'과 함께 '우리'로 확장됐다. '우리'의 즐거움은 촬영 작업에 동참하는 사람들의 수만큼 몇 배의 파장으로 퍼졌다. '우리'가 함께할 수 있다는 자신감은 사진관 운영과 함께 각종 프로젝트와 교육 등을 적극적으로 펼쳐나가게 만든 원동력이 됐다.

2014년 한국문화예술위원회의 크라우드 펀딩으로 시작된 '바라봄사진유랑단'은 바라봄사진관의 대표 프로젝트 중 하나다. '유랑'이라는 말 그대로 전국 장애인 시설을 방문해 사진을 촬영하는 것으로 시작했다. 이듬해부터는 캄보디아, 미얀마, 네팔, 필리핀, 중국 연변 등 해외까지 촬영 유랑의 영역을 넓혀갔다.

"서울이라는 지역적 한계를 넘기 위해 기획한 펀딩 프로젝트였어요. 사진관을 응원하는 분들이 저보다 더 가슴 졸이며 펀딩 현황을 지켜봤을 때 울컥했던 기억이 납니다. 사진에서 소

외된 사람들을 직접 찾아가 촬영하는 것을 목표로, 6개월 동안 격주로 전국 20개 지역을 도는 것부터 시작했죠. 팬데믹 상황에서 조금 어려움을 겪긴 했지만 이젠 방역 수칙을 지키며 촬영하는 일에 익숙해져 문제없습니다."

장애인 가족 구성원이 있는 집은 외식을 하거나 미용실을 가는 등 일상적인 외출도 큰맘 먹고 해야 하는 일이다. 이 모든 것을 함께 할 수 있는 하루가 어떤 가족에겐 특별한 날이 될 거라는 점에서 착안해 '무지개 프로젝트'를 기획했다. 지역 미용실과 식당 '카페 슬로비', 커피 회사 '연두커피'와 발달장애인 가족 창업회사 '두빛나래협동조합'이 함께 한 달에 한 가족에게 외식과 선물, 가족사진 촬영으로 멋진 하루를 선물하는 프로젝트다.

취업 준비생의 증명사진을 찍어주는 '열린사진관' 프로젝트도 호응이 큰 활동 중 하나다. 기증받은 정장을 필요한 이들에게 대여해주는 사단법인 '열린옷장'과 함께 하는 프로젝트로, 단돈 5000원으로 이용할 수 있어 취업 사진이 필요한 청년층의 호응을 얻고 있다.

다양한 프로젝트를 통해 나눈 에너지는 매우 크고, 함께한 이들 모두에게 활동을 지속할 동력이 된다. 이 즐거움은 사진이 그에게 선사한 삶의 선물이다. 이 선물은 어느 날 갑자기 주어진 것이 아니라 자신 안에 내재되어 있던 것이다. 살아온 시간을 되짚어 보면, 누구나 되살릴 수 있는 즐거움의 불씨를 갖고 있다. 변화를 인정하고 새로운 일을 시도하려는 용기만 있다면 누구든 자신만의 불씨를 찾아 의미있는 인생을 펼칠 수 있다고 그는 말한다.

"전공은 물론이고 유학까지 다녀와 멋진 사진을 찍는 사진작가도 정말 많습니다. 그런 전문가들이 보면 저는 아마추어일지 모릅니다. 하지만 피사체를 이해하고 소통하려는 진심만은 프로라고 생각합니다. 카메라는 정직한 기계입니다. 소통하려는 사람의 노력을 정확히 담아주죠. 작가의 유명세와 관계없이 진심인 글은 독자를 감동시키잖아요. 사진도 마찬가지입니다."

그의 사진은 밝고 건강하다. 장애인들의 얼굴을 담은 사진도, 회식비를 아껴 촬영 한 건을 후원할 수 있는 '1+1 촬영 후원'에 참석한 회사원들의 프로필 사진도 피사체와의 교감이 충분히 담겨 있다.

"장기적인 목표를 세우는 편은 아닙니다. 사진을 통해 함께 즐거울 수 있는 일들을 하나하나 해나가다 보니 10년을 지속할 수 있었어요. 지금까지 해온 만큼 앞으로도 할 수 있으면 좋겠습니다. 큰 욕심은 없습니다. 다만 지방에도 같은 곳을 바라볼 수 있는 사진관들이 생겼으면 좋겠어요."

변하고 싶다면 변화를 받아들이세요

|||||||||||||

프로이트는 "커다란 사건의 의미는 아주 사소한 징조에서 드러 날 수 있다"고 말했다. 나종민 씨는 사진 찍는 것이 즐거웠던 사 소한 기억에서 지금의 일을 시작했다. '돈 버는 일'을 해야 한다 는 생각을 바꾼 순간 인생을 바꿀 작은 징조를 찾아낸 것이다.

"갑자기 재밌는 일을 찾긴 힘듭니다. 이건 즐겁고 건전하게 즐 길 놀이 문화를 생각할 수 없게 만든 사회에도 일정 부분 책임 이 있죠. 자신이 할 수 있는 재밌는 일을 찾아보려면, 힘들지만 현실적인 문제에서 약간 거리를 둘 필요가 있습니다."

20년 이상 회사를 다닌 퇴직자라면 포기할 부분은 분명히 포 기하며 생활을 바꿔야 한다고 그는 강조한다. 또한 적극적으로 '돈이 안 되는' 즐거운 일을 찾아 아주 작은 일부터 시작해보라 고 조언했다. 순수한 재미를 위한 일에 도전하기 시작하면 생각 의 틀을 바꾸는 일이 한결 쉬워진다. '한번 해볼까?' 하는 가벼 운 마음을 덧붙이면 금상첨화다. 아이처럼 '그냥' 시도해보는 일이 앞으로 펼쳐질 모든 변화의 시작이 될 수 있다. 조금씩 천 천히 시작하는 즐거운 일이 우리를 어디로 데려다 줄지 기대하 는 마음으로 앞날을 계획해도 좋을 것 같다.

책과 사람이 있는
동네 서점 만들기

책을 좋아하는 사람에게 서점 운영은 마음속 깊이 자리한 '로망'일 것이다. 내가 만든 공간에 직접 큐레이션한 책을 진열하고, 서점을 찾는 다양한 손님과 책으로 이어지는 일상은 상상만으로도 즐겁다. 상상을 현실화하는 이들은 실제로 꾸준히 늘고 있다. 독특한 콘셉트로 서너 평의 작은 공간을 채우고 책과 함께 즐길 수 있는 음료와 음식을 판매하거나 전시와 강연, 북스테이 등 동네 서점들은 지역과 아이템에 따라 각각의 색과 매력이 뚜렷하다.

공릉동 철길에 위치한 동네 서점 '책인ㅅ감'의 이철재 씨는 책을 좋아하고 책을 통해 사람을 만나고 싶다는 마음으로 서점을 시작했다. 그러나 서점을 찾아온 손님들의 관심이 온전히 책에만 있는 것도, 모두가 책을 구매하는 것도 아니었다. 서점을 운영하는 '자영업자'로서 해결해야 하는 일들이 그를 기다리고 있었다.

많은 사람이 궁금해 하는, 자영업으로서의 서점 운영에 대한 질문을 그도 많이 듣는다고 했다. 지인들은 물론 안면 튼 동네 이웃들도 "먹고 살 만하냐"고 슬쩍 말을 건네고는 한다. 구체적인 수입을 물어보는 사람도 있다. 그럴 때마다 그는 "궁금하시면 제가 하는 강의 한번 들어보세요" 하며 웃으며 대답한다. 실제로 그는 '1인 창업' 강의를 서점에서 진행하는 강좌 리스트에 지속적으로 올리고 있다.

책인감의 1층 입구부터 2층에 위치한 서점으로 올라가는 계단 벽에는 공지사항이 잔뜩 붙어 있다. 매달 바뀌는 행사 일정부터 추천 도서, 강좌와 모임 안내가 담긴 게시물을 보면 책과 더불어 다양한 경험을 할 수 있는 공간이라는 느낌이 든다. 동네 주민들을 중심으로 이뤄지는 모임과 강좌, 서점 주인이 추천하는 책 리스트는 대형 서점과 인터넷 서점에는 없는 동네 서점 책인감의 정체성을 만들고 있다.

2018년, 40대 중반이라는 나이에 이른 퇴직 후 시도한 창업이었다. 누군가는 회사에서 좀 더 버틸 수 있지 않았느냐고 아쉬워했고, 또 다른 누군가는 퇴직은 어차피 찾아올 것이니 빨리 자신의 일을 찾는 것이 좋다며 독려하기도 했다. 혹은 호기심을 품고 그가 만들 서점을 궁금해 했다. 말을 아끼긴 했지만 다들 정말 책을 팔아 돈을 벌 수 있을지 의문을 품었을 거라며 그는 미소를 지었다. '로망'과 '현실'의 접점을 찾아 서점을 열고 4년을 운영한 그의 이야기를 들어보았다.

책 속에서 두 번째 인생을 찾다

||||||||||||||||

서점 주인이 되기 전까지 그는 평범한 회사원이었다. 상경계열 전공을 살려 금호타이어에 입사한 후, 기획 업무를 하며 18년을 일했다. 제조업 기반의 회사는 보수적이었지만 꼼꼼하고 성실한 그에게 잘 맞았다.

새로운 일을 하고 싶다는 생각은 늘 있었지만 주변 사람들도 모두 비슷하게 살고 있었고, 동기 부여가 될 만한 특별한 일도 없었다. 지금 하는 일에 최선을 다하는 것이 가장 중요했고, 퇴직 이후를 고민할 겨를이 없을 만큼 일상은 바쁘게 흘러갔다.

무난히 남들처럼 살아온 40여 년 동안 그는 책과 별다른 접점 없이 지냈다. 학창 시절에는 교과서, 대학 진학 후에는 전공서를 보고 여가 시간에 무협지나 만화책을 읽은 것이 전부였다. 입사 후에는 조직생활에 필요한 업무 서적과 자기계발서를 읽었다. 일을 더 잘하기 위한, 목적이 분명한 독서였다. 타인의 이야기가 가득한 문학이나 에세이를 읽는 것은 시간 낭비라고 느꼈기에 아예 독서 리스트에 넣지 않았다.

무난히, 열심히 하고 있다고 생각했던 직장 생활이 10년차에 이르자 생각이 많아졌다. 회사에 익숙해진 탓인지 그 외의 주제로는 대화가 이뤄지지 않는다는 생각이 들었다. 대화는 그저 의견 전달 수단일 뿐, 감정이나 정서의 교환이 오가고 있지 않는 느낌이었다. 잘 살고 있는게 맞는지 답답함과 함께 짙은 회의가 몰려왔다. 운동을 비롯한 여러 가지 취미를 시도해 보았지만 별 소용이 없었다. 변화는 아주 사소한 계기에서 시작됐다. 어느 날 우연히 시청한 텔레비전 시사 교양 프로그램이 흥미롭게 다가온 것이다. 그동안 접해보지 못한 다른 종류의 책에 대해 알게 됐고, 패널들이 책에 대해 주고받는 이야기가 재밌게 느껴졌다. 책을 선정하고 읽는 방식을 따라하며 독서를 시작했다. 업무를 잘하기 위해서가 아닌, 순수하게 자신을 위해 읽는 책은 꽤 재미있었다. 지금까지 알던 것과 다른 종류의 즐거움이었다.

동네 서점의 매력에 대해 알게 된 것도 이 프로그램을 통해서다. 여행을 좋아하던 그는 관광지와 식당 사이에 서점을 추가하기 시작했고, 어느 순간부터 아예 '서점 방문을 위한 여행'을 다니기 시작했다. 주인과 이야기를 나누며 책을 사고, 북스테이가 가능한 곳에선 숙박을 했다.

"퇴직 전까지 전국의 수많은 서점들을 다녔습니다. 어느 순간부턴 '내가 서점을 운영한다면 어떨까'라는 생각을 하기 시작했고요. 하지만 창업을 결정하기까지 현실적인 문제로 고민을 많이 했습니다. 책으로 세계가 확장되는 경험을 할 수 있는 서점을 열고 싶었지만 구체적인 모습이 잘 그려지지 않았어요."

책을 통한 성장과 소통이 가능한 공간, 지역 주민과 서점을 찾는 이들이 책을 매개로 문화를 공유할 수 있는 공간. 그는 그런 서점을 운영하고 싶었다. 무엇보다 그 안에서 변화할 자신의 모습을 지켜보고 싶었다. 상명하복의 논리로 경직된 회사 조직 안에서 그는 많이 지쳐 있었다. 변화하고 성장하는 자신의 모습이 기대되지 않는 회사는 떠나는 것이 맞다고 판단했다. 자신을 이끈 책의 힘과 가치를 믿고 고민 끝에 서점을 열기로 했다.

아담한 북카페, 책인감을 시작하다

|||||||||||||||||

서점도 다른 자영업처럼 '목'이 중요하다. 그는 초기 비용과 창업 리스크를 줄이기 위해 노원구 공릉동 경춘선 숲길 공원의 동네 서점 한 곳을 인수했다. 노원구에 오래 거주했기 때문에 지역 상권에 대해서 어느 정도 파악하고 있다는 것도 장점이었다.

"상권이나 입지 분석은 매우 중요합니다. 유동인구가 많은 곳에 위치해야 하는지, 찾아오기 편리한 곳이 나을지, 주변 분위기가 좋아야 영업에 도움이 될지 따져봐야 하는데요. 꼭 발품을 팔고 많은 곳을 다녀봐야 합니다. 입지는 무조건 선점해야 하는 부분이 있기 때문에 심사숙고해야 합니다. 정해지면 바꾸기 힘들기도 하고요."

책인감은 공릉 숲길 공원의 가장 번화한 산책로 중앙에 있다. 그러나 서점 입구가 산책로와 바로 연결돼 있지 않고, 도로와 접한 낮은 계단을 오른 후 상가 2층까지 올라가는 수고를 해야 한다. 아쉬운 부분이 있긴 했지만 기존에 서점이었다는 것은 홍보 면에서 큰 장점이었다. 시설, 기존 고객 리스트, 서점 SNS에 인수 사실을 알리는 것까지 권리 계약에 포함시켜 창업을 진행하니 한결 수월했다.

장소가 결정된 후 사업자 신고를 앞두고 상호에 대해 고민했다. 창업을 결심한 순간부터 그는 전국의 서점을 다니며 분위기와 상호에 대한 메모를 꼼꼼히 해뒀다. 시의성이 충분하고 쉬운 발음에, 서점 주인의 운영 철학을 잘 담을 수 있어야 한다는 나름의 기준도 세웠다.

스무 개 가까운 이름을 후보군으로 올려놓고 지인들의 의견을 더해 고민을 거듭했다. 후배가 제안한 '책인감'에 마음이 끌렸다. 단어 자체도 재미있었고, 사람 '人'자가 들어있어 진지함에 유머를 더한 느낌이 좋았다. 사업자등록증과 영업신고증에 '책인감'이라는 상호를 올렸고 서점업 및 카페로 상표권 등록도 마쳤다. 2017년 동네 서점 책인감은 그의 퇴직과 동시에 본격적인 오픈 준비에 들어갔다. 예상했지만 역시나 크고 작은 문제에 부딪혔다. 서점에서 책을 파는 일 외에도 운영을 위해 부수적으로 관리해야 하는 것들이 너무나 많았다.

가장 먼저 '책'에 대해 수없이 고민했다. 서점에 어떤 책을 둘 것인가는 매우 중요한 문제다. 동네 서점은 공간이 협소하기 때문에 놓을 수 있는 책이 한정될 수밖에 없다. 반면 공간이 작아 모든 책이 고객에게 노출되기 때문에 서점에 있는 책은 곧 그곳의 정체성으로 인지된다. 그는 다양한 주제의 책에 관심이 있었기 때문에 오히려 큐레이션이 어려웠다. 베스트셀러도 고전도 나름의 장점을 갖고 있었고 독립출판물 중에서도 좋은 책들이 많았다.

일단 관심을 갖고 있던 사회과학서와 에세이를 엄선했고, 자신이 읽은 책을 우선적으로 선별하며 다양한 책을 갖추는 것으로 가닥을 잡았다. 독특하고 위트 있는 독립서적들도 입고했다. '1인 출판사 책인감' 대표로서 자신의 책을 독립출판물 형식으로 내놓기도 했다.

지역 주민들의 요구와 취향도 반영해야 했다. 이 점은 창업 때부터 염두에 뒀던 '동네 책사랑방'의 역할을 위해 중요한 부분이었다. 그림책 코너는 가족과의 산책길에 서점에 들르는 동네 주민의 주문으로 시작됐다. 그림책은 보기도 좋았고 그 자리에서 읽을 수 있기 때문에 판매로 이어지는 일이 많았다. 산책길에 서점을 들르는 가족 손님들에게 반응이 좋았다.

큐레이션이 결정되면 본격적으로 책의 입고가 시작된다. 현재 서점에는 약 1000권의 판매용 책이 있다. 책의 수요와 공급을 맞추고 정리하는 일은 서점 운영에 있어 매우 중요하고, 그만큼 신경써야 하는 일이었다. 판매용 책은 한두 권밖에 놓을 수 없기 때문에 소량일지라도 빠르고 안정적으로 배송해 주는 도매상을 이용했다.

그러나 아무리 계산기를 두드려 봐도 책을 팔아 수익을 내긴 힘들다는 결론이 나왔다. 그 많은 서점들이 실제로 어떻게 운영되는지 궁금할 지경이었다. 책 한 권을 팔면 서점이 가져갈 수 있는 금액은 책값의 30퍼센트 남짓이다. 인건비와 세금 등을 빼면 더 줄어든다. 행사나 포인트 적립으로 줄어드는 수익까지 감안하면 임대료를 내기 위해 매일 팔아야 하는 책은 약 20권 정도가 되는데, 결코 쉽지 않은 숫자였다. 엄청난 돈을 벌겠다고 서점을 연 건 아니었지만 장사를 시작한 이상 손해를 보며 매장을 열어둘 순 없는 일이었다.

그가 생각한 수익 모델은 카페였다. 그러나 공원 인근엔 이미 30개가 넘는 카페가 있었다. 일단 책에 집중하기로 했다. 균일한 맛을 낼 수 있는 캡슐 커피와 차, 토스트와 맥주를 메뉴에 추가하고 '서점에서 마시는 커피'라는 차별 포인트를 넣었다. 책에 대해 이야기를 나눌 수 있는 서점 주인이 있다는 점도 부각시켰다. 그가 해야 할 일은 몇 배로 늘어났다.

"카페를 운영하려면 일이 무척 많아집니다. 일반음식점업 등록도 해야 하고 공간도 카페에 맞게 바꿔야 해요. 메뉴 개발에도 신경써야 하죠. 그래도 책과 어울리는 공간으로 카페만한 곳은 찾기 힘든 것 같습니다."

강좌와 모임으로 서점을 색칠하다

|||||||||||||

그가 꿈꾸던 공간을 만들기 위해 가장 고심한 것은 서점에서 진행할 강좌였다. 전직 회사원인 그는 책과 관련된 인맥이 전혀 없었다. 작가와의 만남이나 낭송회, 글쓰기 강좌 등 책과 관련된 행사를 여는 일은 막막했다. 외부 강사 초빙에 드는 비용도 부담이 됐고, 사람들이 모일지 가늠하기 힘들었다.

일단 직접 할 수 있는 강의를 꾸려보기로 마음먹었다. 남을 가르칠 만큼 능숙하게 다룰 수 있던 엑셀 프로그램 강의를 기획했다. 중급과 초급 강의를 무료로 오픈했고, SNS와 '네이버 우리동네' 코너에도 홍보했다. 그러나 열띤 신청과 별개로 노쇼 사태가 대거 발생하는 것을 보며 느낀 점이 많았다. 액수와 관계없이 강의는 유료로 진행해야 한다는 것과, 서점에서 하는 강의는 책과 관련이 있어야 한다는 것이었다. 엑셀 강의는 책 판매나 홍보에 전혀 효과가 없었다.

고심 끝에 〈제주 힐링 여행 소개〉와 〈북콘서트: 어떻게 읽을 것인가?〉라는 강의를 직접 기획하고 진행했다. 제주를 40번 이상 다녀온 경험과 7년간의 독서 경험을 담았다. 강의는 무료인 대신 음료나 책 구매를 유도했다. 첫 강의에는 5~7명이 모였고, 자신감이 생겼다. 이후에는 참가비를 1만 원으로 책정해 〈전국 책방 투어 이야기〉, 〈책방 운영의 모든 것〉이라는 제목으로 동네 서점과 자신의 창업 이야기를 담은 강의를 열었다. 19명이 사전 신청을 하고 14명이 참석했다. 좋은 반응이었다.

직접 하는 강의는 준비와 홍보가 힘들지만 지속 가능하고, 반응에 맞춰 업데이트할 수 있다는 장점이 있다. 장기적으로도 운영에 도움이 된다. 서점을 알리는 것은 물론, 강의를 주제로 서점 안에서 소통할 수 있다는 점이 마음에 들었다. 또한 서점은 책을 매개로 모임을 갖기 좋은 장소다. 현재 책인감에서는 함께 정한 책을 읽고 이야기를 나누는 '독서 모임'과 술과 책이 있는 '와인 모임', 그리고 실제 책 출간까지 해볼 수 있는 '책쓰기 모임' 등 제법 오래된 모임들이 지속되고 있다.

그는 서점 운영에 도움이 되는 다양한 외부 모임에도 열심히 참여하고 있다. '전국 동네 책방 네트워크' 모임에는 여건이 되는 한 꼭 참석하는 편이다. 공릉 숲길 공원 상인들의 모임은 사업과 지역에 대한 의견을 나누고 공감대를 형성할 수 있어 도움이 됐다. 혼자 서점을 운영하는 그에게 지역 상인들과의 교류는 직장 동료들과 퇴근 후 한 잔 하는 기분으로 소소한 활력이 되었다. 서점이 속한 노원구의 소기업소상공인회 모임에 참여해 지역 사업자들과 교류하는 일도 잊지 않았다. 홀로 자영업 현장에 있는 그에게 업종이나 지역이 같은 다른 소사업자들은 도움이 되는 다양한 이야기를 들려주었다.

"'기브 앤 테이크'가 중요하다고 생각합니다. 정보를 받는 만

큼 나도 주고, 얻은 정보에 대해선 감사를 표합니다. 인터넷을 통해 많은 정보를 알 수 있는 시대지만, 사람들을 직접 만나고 모임에 참여해야 더 많은 걸 배울 수 있습니다."

임대료만 낼 수 있다면 하고 싶다고요?

|||||||||||||||||

그는 지인들 사이에서 부러움의 대상이 될 때가 많다. 회사를 그만뒀을 때가 40대 중반이었고, 원한다면 회사를 더 다닐 수도 있었다. 미래를 생각하며 남들보다 빨리 결단을 내렸고, 서점을 창업했다. 누군가는 부러워했고 어떤 이는 자신의 꿈이었다며 한 마디 덧붙였다. "임대료만 낼 수 있다면 나도 해 보고 싶어요." 그들에게 그는 진지하게 되묻곤 한다. 임대료 외에 필요한 다른 비용들, 돈으로 환산하기 힘든 노동과 심리적 비용에 대해서 생각해 보았느냐고 말이다.

"관리비, 인건비는 물론이고 냅킨 한 장과 물 한 잔까지 구체적으로 생각해야 합니다. 수많은 의사결정의 연속이에요. 각오는 했지만 생각보다 훨씬 더 세심한 준비가 필요하더군요."

휴무인 월요일을 제외하고 서점 오픈은 오후 12시지만 독서 모임이나 미팅으로 오전의 이른 시간부터 서점에서 보낼 때가 많다. 책의 입고 같은 일상 업무는 물론이고 계절 메뉴 선정이나 물품 주문 등 카페 업무도 신경 쓸 일이 많다. 반복적인 업무뿐만 아니라 비정기적인 일에도 의사결정 기준을 세우고 피드백하며 자신만의 프로세스를 만드는 게 중요했다. 1인 사업장이라도 조직처럼 기준이 필요하다고 그는 강조한다.

처음에는 서점과 카페 운영, 모임과 강좌, 그리고 자신의 책과 외부 기고 등을 각각 3분의 1 비중으로 만들어 수익을 얻을 수 있을 거라고 기대했다. 그러나 운영 4년차인 현재, 아직 기대한 수익에는 이르지 못했다. 월세와 관리비, 식대 등 기본적인 운영 비용을 충당하는 수준이라고 그는 말한다. 앞으로 북카페로서 개성을 가다듬고 인터넷 판매나 도서관, 학교와 공공기관 납품 등 다양한 판로를 마련할 예정이다. 강연과 모임, 외부 강사 초빙도 더욱 적극적으로 진행할 계획이다.

책쓰기 모임을 진행하며 독립출판사 '책인감'의 이름으로 《1인 가게 운영의 모든 것: 책방 운영을 중심으로》와 《제주 힐링 여행 가이드》를 냈다. 자신의 책을 쓰는 일과 강연은 그가 '성장'이라는 키워드 아래 가장 기대한 부분이었다. 이와 함께 지역 주민들과 적극적으로 교류하며 문화적 동네 사랑방의 역할을 제대로 해보고 싶은 욕심이 있다. 이 꿈의 연장선에서 지역 모임과 강좌, 책도 기획 중이다. 시집 《공릉동》을 낸 김재천 시인과 함께 공릉동의 이야기를 담은 책을 출간하는 것이 그

첫 번째다. 지역 주민들과 책을 읽고 성장할 수 있는 동네 서점으로 자리매김하는 것은 중요한 목표 중 하나다. 서점 안에서 하나씩, 창업할 때 세운 목표를 잊지 않고 천천히 걸어가고 있는 중이다.

종이책의 위기는 이미 오래 전부터 떠돌아다니는 예언이다. 그러나 아직 책은 건재하고 사람들은 여전히 종이책이 있는 서점을 찾는다. 많은 콘텐츠들도 책과 서점에 대해 이야기하고 있다. 모두가 책을 사서 읽는 것은 아닐지라도 책이 있는 공간은 화제가 되고 사람들을 모이게 만든다. 그는 사람을 모으고 소통하게 만드는 책의 에너지를 믿는다고 했다. 서점을 창업한 결정적인 이유는 아직 유효하다. 경쟁과 소외가 아닌, 함께 성장할 수 있는 가능성을 믿는 것이다.

"동네 서점에 오시면 책을 꼭 사세요. 카페에 가서 커피를 마시듯 책방에 왔으면 책을 사야죠."

고민과 궁리가 담긴 서점 공지 사항과 추천 책 목록 뒤로 손님을 맞이하는 주인의 모습이 보인다. 책에 대해 질문하는 손님을 마주한 그의 표정이 환하게 빛났다. 손님은 주인이 권한 책을 들고 서점을 다시 둘러보았다. 동네 서점을 방문하는 이는 주인이 직접 선별한 책들을 천천히 바라보며 공간이 주는 온전한 환대를 누린다.

서점을 찾는 사람들, 더 나아가 지역사회와의 교감이 이뤄지면 서점은 단순히 책만 파는 공간 이상의 의미를 갖게 된다. 책인감이 이철재 씨가 꿈꾸던 함께 성장하는 소통의 공간으로 알차게 진화하길 바라는 마음이다.

창업을 위한 준비 과정별 지원 제도

청년과 퇴직자들의 일자리 창출을 위한 대책으로 창업이 떠오르고 있다. 40대의 이른 퇴직이 늘면서 자영업을 비롯한 창업은 크게 늘고 있는 추세다. 창업을 시작하려면 전문가의 조언을 바탕으로 아이템, 상권, 창업 자금에 대한 계획을 세우고 창업 공간을 확보하는 등 시간을 들여 준비해야 한다.

정부와 지자체에서는 일자리 창출과 경제 발전을 위해 창업과 관련된 다양한 지원 사업을 마련하고 있다. 제조업과 지식서비스업 분야에서 기술이나 아이디어를 활용한 창업을 생각하고 있다면 정부의 창업 지원 제도를 살펴보면 도움이 된다.

창업 과정에서 만나는 모든 기관, 단체와의 소통은 서류를 통해 이뤄진다는 점을 기억하고, 서류나 지원서 작성 시 필요한 사항을 꼼꼼히 챙겨야 한다.

창업 관련 정보 사이트

사이트명	내용
K-스타트업 (www.k-startup.go.kr) ☎ 1357	정부 지원 기술 창업 포털. 기술 창업과 관련된 모든 지원 정보를 확인할 수 있다. 중소벤처기업부에서 운영하는 창업 지원 프로그램뿐만 아니라 타 정부 부처, 지자체, 각종 기관 및 민간단체 등에서 제공하는 창업 정보들도 알 수 있다.
창업보육센터 네트워크 (www.bi.go.kr)	중소벤처기업부에서 운영하는 창업보육센터 정보 포털. 창업 상담과 지원 사업, 교육 등 필요한 정보를 얻을 수 있다.
기업마당 (www.bizinfo.go.kr)	중소벤처기업부에서 운영하는 창업기업 지원 포털. 변호사, 관세사, 경영·기술지도사 등 지원단으로 등록된 전문가에게 무료 상담을 받거나 현장 클리닉을 지원받을 수 있다. 기업 관련 정보나 공시, 공고들도 한눈에 살필 수 있다.
소상공인시장진흥공단 (www.semas.or.kr)	소상공인 육성, 전통시장상점가 지원 및 상권 활성화를 위해 설립된 기관. 전통시장 활성화, 창업 관련 경영 정보 제공, 신사업 발굴, 가맹점 창업에 관한 정보를 비롯해 소상공인 창업 교육, 자금 지원 등에 관해 도움을 받을 수 있다.

창업을 위해 준비해야 할 것

1단계: 창업교육을 받자

중소벤처기업부와 지자체 그리고 많은 창업단체에서 창업 교육을 시행하고 있다. 대부분 무료거나 저렴한 비용으로 참여할 수 있다.

교육 수료 후 지원금 혜택이 있는 경우도 있으므로 일석이조의 효과를 얻을 수 있다.

주체	사업명	사업 개요	문의
중소 벤처 기업부	실전 창업교육	창업 아이디어를 보유한 예비 창업자를 대상으로 비즈니스 모델 정립과 사업계획서 준비를 통해 창업자를 양성하는 실전 교육 프로그램	K-스타트업 홈페이지에서 매년 초 공고 (www.k-startup.go.kr)
	창업에듀 온라인 강좌	중소벤처기업부와 창업진흥원이 운영하는 온라인 강좌로 창업 단계별 강좌 및 최신 정보 제공	K-스타트업 홈페이지 '창업에듀'에서 연중 수시 참여 가능 (www.k-startup.go.kr)
지자체	부산 창업지원 센터	· 부산 거주 예비 창업자를 모집해 창업 공간, 창업 교육, 사업화 자금, 컨설팅, 마케팅, 창업 특례자금 등 지원 · 창업기업간 교류, 우수 창업기업 지원	부산창업지원센터 (www.bschangup.kr) ☎ 051-600-1700
	부산 여성창업 지원센터	· 부산 지역 창업 희망 여성 대상 · 창업 정보 제공, 창업 강좌, 보육실 운영 · 부산 7개 여성창업지원센터에 수시 방문 및 상담 가능	부산광역시 여성가족과 ☎ 051-610-2014
	강원 창업지원	· 초기 창업 패키지 사업 지원 · 도내 창업보육센터 16개소 지원	강원도 일자리센터 (www.gwjob.kr) ☎ 033-249-2019
	전북 4050 행복 창업 프로젝트	· 중장년층 예비 창업자 대상 창업 교육 및 지원 · 수료 후 창업 시 특례보증자금 지원	전라북도 경제통상진흥원 (www.jbba.kr) ☎ 063-711-2106
	제주 중소기업 창업 프로그램	· 도내 사업등록을 한 예비 창업자를 대상으로 창업 교육 및 창업 비용 지원	제주특별자치도 경제통상진흥원 (www.jba.or.kr) ☎ 064-751-3337

2단계: 사업장을 구하자

창업 초기에 사업장에 드는 고정 비용을 부담하기란 만만치 않다. 정부와 지자체에서 제공하는 창업 공간을 이용해보자. 비슷한 고민을 하는 창업자들끼리 모여 자연스럽게 시너지를 내며 네트워크를 구축할 기회를 만들 수 있고, 창업 교육과 컨설팅이 함께 지원되는 경우가 많아 창업 초기에 큰 도움이 된다.

주체	사업명	사업개요	문의
중소 벤처 기업부	창업보육센터	· 창업자에게 개인·공동 작업장 등의 시설을 저렴하게 제공하고 경영·세무·기술 지도 지원 · 희망 지역 창업보육센터의 입주 가능 여부를 확인하여 신청	중소벤처기업부 한국창업보육협회 (www.bi.go.kr)
	중장년 기술창업센터	· 창업 3년 이내의 만 40세 이상 창업자에게 신중년 전용 창업 공간 지원 · 사무공간, 회의실, 휴게실 등 창업 공간 지원 · 경영 지원 및 창업 교육, 네트워크 행사 등 다양한 프로그램 지원	K-스타트업 온라인 접수 (www.k-startup.go.kr)
	1인 창조기업 지원센터	· 경영 여건이 취약한 1인 창조기업에게 안정적인 사업화 공간 제공 및 경영 지원 · 사무공간, 회의실, 상담실 등 비즈니스 공간 지원 · 사업 관련 전문가 상담 교육 및 경영 지원, 사업화 지원	K-스타트업 온라인 접수 (www.k-startup.go.kr)

지자체 · 기타	서울 창업디딤터	· 창업자와 초기 기업에게 보육 공간 제공 · 대학민간기업 협업 창업 프로그램 운영 및 창업 보육센터 지원 · 교육, 데모데이, 사업화 지원 및 컨설팅	서울 창업디딤터 (www.didimteo.or.kr)
	서울 50+공유 사무실	· 만 40~69세의 서울시 거주자 또는 사업자 · 등록지가 서울이면 신청 가능	서울시50플러스포털 (www.50plus.or.kr)

	대구 여성회관
	창업보육센터
		· 대구 거주 여성 예비 창업자 및 초기
		  창업자에게 맞춤형 지원책 제공
		· 저렴한 창업 공간 제공, 컨설팅 및
		  마케팅 비용 일부 지원, 해외 창업연수,
		  현장학습 지원
			대구광역시 여성회관
			☎ 053-803-7200

	여성기업
	창업보육센터
		· 창업 2년 이내의 여성 창업자 및 여성 기업
		· 지역 여성의 창업과 여성 기업 경영 활동을
		  위한 보육 공간 제공, 교육·연수 및
		  컨설팅, 판로 지원
		· 전국 15개 광역시도 여성기업종합지원센터
		  지역센터 내 여성창업보육실 운영
			여성기업종합정보포털
			(www.wbiz.or.kr)

3단계: 기술 창업이라면 특허는 필수

나만의 기술로 창업을 한다면 특허가 중요하다. '특허 출원'이란 특허출원서를 특허청에 제출한 상태를 말하며, 심사를 거쳐 특허로 인정돼야 등록이 가능하다. 기술 특허의 경우 등록을 위해 빨리 움직여야 하며 전문가의 도움을 받는 것이 좋다.

유사한 특허가 있는지 파악하려면 특허청 특허 검색 홈페이지 키프리스(www.kipris.or.kr)를 이용하면 된다. 출원 후 많은 비용이 드는 '특허 등록'은 정부나 지자체의 지원을 받을 수 있다. 한국발명진흥회 지역지식재산센터(www.ripc.org) 또는 각 지자체의 창업지원부서에 문의하면 된다.

4단계: 지속적인 전문가의 컨설팅을 받자

어떤 창업이든 전문가의 컨설팅을 지속적으로 받는 것이 좋다. 시행착오를 줄일 수 있기 때문에 시간과 비용이 절약되고, 운영에 필요한 정보들을 제공받을 수 있다. 컨설팅 비용이 부담스럽다면 중소벤처기업부나 지자체에서 지원하는 컨설팅과 교육 사업을 적극 이용하는 것도 좋다. 컨설턴트를 통해 최신 정보와 업계 동향을 파악하면 자신의 문제에 매몰되지 않고 넓은 시야를 갖는 데 도움이 된다.

3부

*

자연과 더불어 살다

도시 속에서
농부로 살아가기

귀농, 즉 농촌으로 주거지를 옮기고 농사를 짓는 농부로서 다른 인생을 시작하는 이들이 늘어나고 있다. 반드시 지방으로 이동하지 않아도 기존에 거주하던 도시 근교에 살면서 농업을 업으로 삼는 이들도 있다. '도시 농부'라 불리는 이들은 농사를 주업으로 하며 일상을 꾸려간다는 점에서 직업으로서 농부의 삶을 살고 있다고 볼 수 있다.

김재광 씨 또한 경기도 일산에 거주하며 '도시 농부'로 살고 있다. 그는 일산에서 공동체와 함께 300평 규모의 논농사와 2000평 규모의 밭농사를 짓고, 개인 경작으로 200평 규모의 농사를 꾸리고 있다. 땅을 여러 명이 함께 임차해 농사를 짓는 '공동체 농사'는 생소한 형태지만, 작물을 키우고 판매하며 다음 농사를 위해 갈무리하는 모든 과정은 여타 전업농의 일과 다름없다. 도시 농사는 귀농 후 직업 농부가 되기 전 경험을 쌓기 위한 교육의 단계로 여겨지기도 하지만, 전업 도시 농사도 가능하다는 것을 그를 통해 알게 됐다.

그는 땅을 만지는 일, 사람들과 함께 농사를 짓는 일이 좋아서 퇴직 후 농부가 되었다고 했다. 그의 여정은 농사를 시작하고 싶은 이들, 혹은 귀농을 위해 주거지를 옮기는 것에 부담을 느끼는 이들에게 많은 도움을 줄 수 있을 것이다. 땅과 자연을 아는 일은 어렵지만, 열심히 일하는 농부에게 땅은 자신의 진면목을 보여준다. 그의 농사 이야기를 들어보았다.

농사로 삶의 기쁨을 배우다

|||||||||||||||||||

1954년 서울에서 태어나 생활 터전으로 서울 근교를 벗어난 적이 없는 그는, 농사를 짓기 전까지 회사를 다니다 공장을 운영했던 평범한 가장이었다. 농사와의 만남은 2003년, 귀농을 위해 강의를 들으러 다닌다는 친구를 따라나선 것으로 시작됐다. 소소하게 새로운 경험을 해보는 것을 좋아했기에 가벼운 마음으로 '전국귀농운동본부'의 생태귀농학교 25기에 등록했다.

호기심으로 시작했지만, 강의는 새로운 세상을 보여줬다. '귀농학교'라고 했지만 단순히 농사에 국한된 강의가 아니었다. 흔하지만 중요한 물, 공기, 흙에 대한 이야기로 시작된 강의는 '조화를 이루는 행복한 삶'이라는 인생을 관통하는 귀한 깨

달음으로 마무리됐다. 귀농한 선배들의 생생한 농촌, 농사 이야
기도 인상 깊었다. 생명을 가꾸고 키우는 농사는 인간의 삶에
가장 잘 어울리는 일일지도 모르겠다는 생각이 확고해졌다.

강의를 듣고 집으로 돌아가면 그는 아내에게 그날 수업에
대해 이야기했다. 흥미롭게 듣던 아내도 결국 27기 학생이 되
었다. 부부의 모습을 본 처남과 몇몇 친구들도 함께 강의를 듣
기 시작했고, 한 번의 결석 없이 귀농학교를 수료하며 농사의
매력에 빠져들었다. 한 친구는 퇴직 후 귀농을 진지하게 고민
하기도 했다.

귀농학교 선후배가 된 부부는 실제로 흙을 만지고 농사를
짓고 싶다는 생각에 주말 농장에 도전했다. 거주하고 있던 일
산과 가까운 벽제 인근에 열 평 정도의 땅을 분양받았다. 비교
적 쉽게 가꿀 수 있는 상추·토마토·배추·가지 같은 가을 채소
를 경작했고, 책과 인터넷을 참고하며 싹을 틔우고 대를 올렸
다. 소소한 밭농사였지만 나름의 확고한 원칙을 세웠다. 농약,
화학비료, 비닐을 사용하지 않고 땅과 사람 모두에게 도움이
되는 농사를 짓는다는 것이었다. 이 원칙은 지금도 그가 공동
체 농사에서 지키고 있는 것들이다.

**"가족들에겐 주말 농장이지만 제겐 '주중 농장'이었습니다. 퇴
근하며 거의 매일 들렀으니까요. 크고 작은 시행착오도 많이
겪었습니다. 한번은 거름으로 화학비료 대신 소변을 썼죠. 벌**

레가 엄청나게 생겨 당황했습니다. 인분이나 소변을 거름으로
쓰려면 충분히 발효해야 한다는 사실을 그때 알았습니다. 직접
부딪혀야 깨닫게 되는 일들이 농사에는 특히나 더 많다는 걸
알게 됐죠."

농약을 치지 않으니 벌레들은 달콤한 야채들을 실컷 즐겼다.
김장거리를 기대하며 무와 배추를 파종했던 아내는 수확물을
보며 투덜댔지만 못난이 채소들은 천상의 맛을 선사했다. 마트
제품처럼 때깔이 좋진 않아도 신선하고 짙은 풍미를 지닌 농작
물을 지인들과 나누는 재미도 쏠쏠했다. 즐거웠던 작은 농사는
그때까지 그가 가졌던 어떤 취미보다 큰 기쁨을 주었다.

운영하던 공장이 경영 악화로 힘들었던 시절, 그가 달려가
위로받은 곳도 공들여 가꾸던 텃밭이었다. 작지만 알차게 열린
가지는 보랏빛으로 반짝거렸고 막 영글기 시작한 푸른 토마토
는 그의 마음을 어루만져 주었다. 말라 있는 흙에 물을 주고 잡
초를 솎아냈다. 흙냄새는 여전히 향긋했다. 생명력 넘치는 흙과
함께 살고 싶다는 생각이 그의 머릿속을 가득 채웠다.

공동체 도시 농사를 시작하다

||||||||||||||||

땅을 일구는 재미에 빠진 그는 농사에 대해 더 공부할 수 있는 곳을 수소문했고 '텃밭보급소 도시농부학교' 1기에 등록했다. 그곳에서 '공동체 농사'에 대해 알게 됐다. 이름은 생소했지만 지방으로 귀농한 전업농의 일과 크게 다르지 않았다. 귀농해 전업으로 농사를 짓게 되면 농지가 없는 귀농민은 보통 낮은 이자로 땅을 구입하거나 임대료가 있는 임차 형식으로 농지를 확보한다. 공동체 농사 방식도 비슷하다. 수확 작물을 땅 소유주와 나누는 조건으로 공동체와 농사지을 땅을 임차하는 것이다. 그가 속한 공동체는 현재 일산에서 함께 농사를 짓고 있다. 일산 외에도 서울 근교나 경기도 인근에는 농사를 지을 노지들이 제법 있다고 한다. '땅'은 재산의 개념일 텐데, 농부들에게 선뜻 내어줄 수 있는 것일까? 이런 생각이 드는 건 아마 '땅'보다는 '부동산'이라는 경제적 개념이 크기 때문일 것이다.

"부동산, 맞습니다. 땅은 그 자리에 있잖아요. 일반적으로 수도권에선 투자 목적으로 땅을 구입하는 경우가 많죠. 하지만 개발할 상황이 아닐 수도 있고, 농지로 등록된 땅인데 지주가 직접 농사지을 수 없는 경우도 있습니다. 이때 농사 공동체가 농사를 짓고 땅을 잘 관리하면 서로 이득이 됩니다. 이런 이유로

땅 주인들이 먼저 농사를 제안할 때도 있습니다."

2008년, 운영하던 공장을 정리한 그는 '고양도시농업 네트워크(고도넷)' 운영에 적극적으로 참여했고 대표가 되어 공동체를 이끌기도 했다. 다섯 명의 공동대표가 있는 비영리법인 고도넷은 1만 평의 부지에 12개의 농장을 두고 공동체 농사를 짓는다. 공동체는 고양도시농부학교 수료생 외에도 고도넷 회원과 농사 공동체 카페를 통해 모인 사람들로 구성돼 있다. 2011년부터는 공동체 사람들과 함께 고양시 일산서구 구산동에서 논농사를 시작했다. 농사를 지으며 도시농부학교 신입생들을 대상으로 이론 강의와 경작 실습을 진행했다. 생생한 현장의 지식을 교육하는 일은 또 다른 만족감을 안겨줬다.

공동체 농사가 보다 즐겁고 의미 있었던 이유는 그가 주말 농장을 시작할 때부터 고집해 온 무농약, 무화학비료, 무비닐이라는 3무無 원칙을 지키며 '자생적 유기 순환 농법'을 실현할 수 있었기 때문이다. 공동체 농장에서는 가물더라도 논이나 밭에 따로 물을 대는 일이 드물다. 식물이 가진 자생력을 믿는 것이다. 날이 가물면 식물은 뿌리를 깊이 내려 자신이 살 길을 스스로 찾는다. 물을 대거나 비료를 주는 것은 물론, 제초제도 거의 쓰지 않는 그들의 논은 피와 벼가 뒤섞여 자라기 일쑤다. 직업농의 논에 비해 수확량은 적을 수밖에 없다. 그러나 시련을 극복하고 자란 벼는 단단하고 찰기 있는 맛 좋은 쌀을 내준다. 땅의 힘도 더불어 살아난다. 땅 주인들이 기꺼이 농지를 내어 주는 이유다.

농번기에 그는 늘 농장에 있다. 12개의 농장에서 각 공동체는 파종과 수확시기가 다른 밭작물들을 나누어 경작한다. 논농사 또한 모내기부터 수확까지 절기에 맞춰 진행한다. 씨앗이 될 작물을 남기는 채종과 농산물의 갈무리를 통해 늦가을의 수확을 정리한 후 다시 올 봄을 대비하며 농부의 1년이 차곡차곡 쌓인다. 공동체와 나누고 남은 수확물은 고양시 프리마켓과 혜화·명동·안국 등 서울의 소규모 도시작물시장 '마르쉐친구들' 장터, 친환경 업소 등에 판매된다. 그는 직장생활 경험을 살려 공동체의 회계나 재무 관련 업무에 도움을 주기도 했다. 자연 안에서 세상 경험은 그야말로 버릴 것 없이 유용하게 쓰인다는 사실을 깨달았다.

귀농을 생각한다면 반드시 흙을 만질 것

llllllllllllll

농사는 모든 단계마다 음미할 만한 가치가 있다고 그는 말한다. 그러나 다른 모든 일이 그렇듯 힘든 부분들을 감안해야 하는 것도 사실이다. 귀농을 염두에 두고 농사에 뛰어든 이들도 그 힘겨움 때문에 포기하는 경우가 많다. 매년 초 모집하는 도시농부학교에는 농사에 열정을 가진 수강생들이 모여든다. 이들 중 단 10퍼센트만이 공동체의 일원이 되거나 직업농을 선택한다고 하니, 쉽지 않은 농사의 고충을 알 수 있다. 함께 농사를 짓기 시작한 이들도 공동체에서 지향하는 농법에 적응하는 일에 다시 한 번 어려움을 겪기도 한다.

공동체 농사가 원칙으로 삼는 3무 농법은 효율성과는 거리가 있다. 마트의 진녹색 푸성귀, 붉은 토마토, 선명한 주황색 당근과 깨끗한 배추에 길들여진 사람들은 처음엔 자신의 수확물에 실망하기도 한다. 고민 끝에 몰래 농약이나 비료를 주는 일도 있다. 농법의 차이는 '틀린' 것이 아닌 '다른' 것이며, 선택의 문제라고 그는 말한다. 직업농이 작물의 수확과 경작에 있어 소비자를 의식하는 건 개인의 선택이다. 거둔 수확물을 귀하게 여기고 가치를 발견하는 과정도 농사의 일부라고 그는 생각한다.

그는 귀농을 염두에 둔 이들에게 일단 현재의 업과 병행하며 어떤 방식이든 농사를 지어보길 권한다. 텃밭 농사나 주말 농장도 좋지만, 지방으로 내려가 직업농이 되기 전에 도시 농업으로 농부의 삶을 미리 단련한다면 좀 더 본격적으로 농사와 마주할 수 있을 거라고 말한다. 실제로 본격적인 지방 귀농을 위해 공동체의 일원이 되어 농사를 지으며 공부하고 있는 회원들이 있다. 직업농이 되기 전, 공동체와 함께 단련한 농사 경험은 자연과 조금씩 손을 맞잡으며 본격적인 농사의 세계로 들어갈 수 있도록 도와줄 것이다.

사람과 함께 농사를 짓는 도시농부입니다

|||||||||||||||||

농사가 직업이라면, 거기서 얻는 수입에 대해서도 생각하지 않을 수 없다. 현재 그가 벌어들이는 금전적인 수입은 예전보다는 현저히 적은 것이 사실이다. 도시농부학교와 외부 강의에서 받는 강의료 정도가 전부라고 봐도 무방할 정도다. 그러나 식생활에서 주·부식의 많은 부분을 자급자족하고 있고, 무엇보다 농사일에서 부수적으로 얻어지는 건강과 즐거움은 돈으로 환산할 수 없다.

"회사를 정리하며, 퇴직 후 필요한 실제 비용을 따져봤습니다. 집과 약간의 연금이 있고 아내도 일을 하고 있으니 수입이 적어도 생활이 부족하진 않겠다는 판단이 들었습니다. 건강을 지키는 게 가장 중요한데, 좋은 걸 먹고 즐거운 마음으로 밭일을 하면 건강은 따라오니까요."

회사를 정리할 당시만 해도 아이들이 중학생, 고등학생이었지만 각각 알아서 자신의 역할을 잘 하는 만큼 특별히 신경 쓰지 않았다. '자생력을 키운다'는 농사 원칙이 자식 농사에도 적용된 셈이다. 자녀들도 이러한 뜻을 잘 헤아리고 스스로 진로를 고민하며 잘 자라주었다. 도시 농부로 살기로 한 그의 결심에는 아내의 이해도 큰 부분을 차지했다. 함께 귀농학교를 다닌 아내는 농부가 된 남편의 삶을 진지하게 받아들였다.

농사 안팎의 일상이 가진 보람과 힘겨움이라는 양면을 모두 음미할 수 있게 되면서 그는 비로소 자신이 진짜 농부가 되었다고 생각했다. 과정마다 즐길 요소가 많은 농사야말로 그가 만난 최고의 일이며 오락이다. 자연 그대로를 받아들이는 유기 순환 농법은 그와 가족의 삶을 많은 부분에서 변화시켰다. 소박한 삶, 있는 그대로 모두와 어우러지며 모든 것은 그 자체로 존재 가치가 있다는 사실을 몸소 경험한 것이다. 밭에서 나는 작물은 하나도 버릴 것이 없다. 줄기나 잎사귀 부분은 사람이 먹는다. 사람이 먹지 않는 부분은 모두 흙으로 돌아가 거름이 된다. 도시농부학교의 학생 중 하나가 미관상 보기 좋지 않은 배추 겉잎을 깔끔히 떼어 밭에 버리고 간 일이 있었다. 그는 학생이 버린 배춧잎을 모아 그늘에 말려 삶은 후 정갈한 시래기나물로 그에게 돌려주었다.

모든 것엔 이유가 있고, 그 나름의 쓰임이 있다는 사실도 농사를 통해 깨달았다. 벌레 또한 농부에게 작물에 대한 정보가 된다. 벌레가 채소에 모이는 이유는 무해하며 달고 맛있기 때문이다. 작물과 마찬가지로 자연의 일부인 사람도 모두 소중하고 쓰임이 있다. 농사를 통해 얻은 귀한 배움이고, 매해 계속 배워가는 진리다.

이번 농사에서 다음 농사로 넘어갈 때마다 무슨 일이든 생길 수 있다는 생각을 한다. 매해의 농사가 시작될 때, 똑같은 것은 하나도 없다. 자연은 달라지고 농부들도 조금씩 변화한다. 땅 위에 선 이들에겐 하루도 같은 날이 없다. 오늘의 해가 넘어가고 내일의 해가 뜨고 절기가 바뀌며 바람과 햇볕이 달라진다. 도시의 꺼지지 않는 불빛이 밤새 논과 밭을 비춰도 벼와 옥수수는 아침에 뜰 태양과 새벽일을 나올 농부의 손길을 기다릴 것이다. 그 기다림에 손을 내밀며 농부의 하루는 또 시작된다.

갓 나온
초란 같은 가능성을
품고

자신에게 맞는 삶의 방식은 상황과 환경에 따라 변
하기 마련이다. 최선의 선택을 위한 고민은 계속된
다. 많은 이들이 무겁게 느끼는 '진로進路'란, 자신에게 가장 잘
맞는 상태를 찾기 위한 부단한 움직임의 단어다. 주위의 많은
사람들, 심지어 20년 가까이 한 길을 걸어 내공을 쌓은 지인들
조차도 진로에 대해 고민한다. 나의 본성과 맞는, 행복을 지속
할 수 있는 삶을 찾는 노력은 평생에 걸쳐 계속된다. 송헌수 씨
의 귀농은 이런 의미에서 성공적으로 보인다. 고민 끝에 선택한
환경 속에서 일의 즐거움을 한껏 누리고 있으니 말이다. 자유로
운 닭이 유정란을 낳는 땅 위에서 그의 인생도 다시 한 번 부화
한 듯했다.

서울에서 고속버스로 약 3시간 거리에 위치한 경남 진주. 터
미널까지 마중을 나온 송헌수 씨의 차에선 정체를 짐작할 수 있
는 냄새가 풍겼다. 그에게는 아주 소중한 냄새라고 했다. 조심

스럽게 탔지만 옷과 가방엔 고운 흙들이 자국을 남겼다. 도시의 분진과 다른, 땅에서부터 날아든 흙이었다.

농장의 일주일은 바쁘게 흘러간다. 월요일부터 목요일까지는 닭들이 오전에 낳은 달걀들을 수거하고 세척과 포장을 거쳐 바로 개인 주문자들에게 택배로 발송한다. 직거래 개인 고객들은 당일 발송 덕분에 낳은 지 이틀이 채 지나지 않은 신선한 달걀을 맛볼 수 있다. 금요일부터 일요일까지 거둬들인 달걀은 로컬 푸드 판매점에 보급된다. 약 1500마리의 닭은 매일 아침 약 900개 정도의 알을 낳는다. 낳은 달걀은 당일 전부 소진된다. 개인 고객에게 약 400개, 로컬 푸드 매장에 약 500개 정도가 판매되고 있다.

경남 진주시 수곡면 사곡리 초입, 구불구불하고 울퉁불퉁한 도로를 따라 올라가면 농장 안에 작은 집이 보이고 완만한 둔덕이 감싸고 있는 닭 방사장과 양계장이 보인다. 닭의 연령에 따라 다섯 개의 공간으로 구획된 양계장은 닭들이 먹고 자고 쉬며 알을 낳기에 충분한 공간이 확보돼 있다.

"닭을 키우기 딱 좋은 곳입니다. '배산임수背山臨水'라는 전통적인 풍수지리는 닭에게도 적용됩니다. 농장 뒤편에 산이 있고 앞의 개천엔 맑은 물이 흐르는데다, 남향이라 볕이 좋습니다. 무엇보다 닭들이 먹을 토끼풀과 유기물이 풍부합니다."

단순하지만 예민한 닭들은 먹이를 주고 보살피는 주인의 마음을 본능적으로 읽는다. 자신들을 보살피는 일에 온전히 신경 쓰지 않을 때는 항의하듯 알을 제대로 낳아주지 않았다. 정직하고 성실하게 일하면 그에 합당한 이익을 얻을 수 있다는 믿음과 확신을 이곳에서 얻었다. 자연의 순리에 따르겠다는 마음을 담은 '자연이네' 농장에서는 뛰노는 닭들이 오늘도 둥근 아침 해 같은 달걀을 낳는다. 귀농 13년차, 아침마다 달걀을 수확하며 오랜 시간을 보낸 그의 이야기를 들어보았다.

이상주의자로 살아온 도시의 삶

|||||||||||||||

전북 고흥에서 태어난 그는 중학교 때부터 귀농 전까지 30년 가까운 시간을 서울과 부천에서 도시민으로 살았다. 남북통일을 평생의 화두로 삼기로 마음먹고 대학 전공을 행정학으로 선택했다. 졸업 후 일본에서 유학하며 공부를 계속했고, 한국에 돌아와 대학원에서 철학을 공부하면서 문제의식을 이어갔다.

경제적인 문제를 해결하기 위해 기업에 취직했지만 조직생활은 그에게 잘 맞지 않았다. 시민 주주가 만든 지역 신문인 부천시민신문사는 취지와 사람들 모두 좋았지만 자신을 돌아보기보다 타인의 삶을 관찰해야 하는 기자라는 직업에 매력을 느끼기 힘들었다. 결혼 후 아이가 태어나면서 가족이 함께 살아갈 공동체를 위해 도움이 될 일을 하고 싶다는 생각이 들었다. 가장 기본 중의 하나가 독서라고 생각해 독서 관련 교육 회사에 취업했다. 이후 직접 개발한 프로그램으로 독서지도 전문 회사를 창업하기도 했다.

1990년대 중반, 대학 입시 제도에 논술이 포함되면서 부천 지역에서 그의 강의는 인기를 끌었지만 입시 제도의 변화와 함께 회사는 어려워졌다. 어느덧 40대가 되었고 세 아이의 아버지인 그는 현실에 닥친 경제적 문제를 해결해야 했다. 아내가 줄곧 함께 일하긴 했지만 가장으로서 가족의 부양을 위한 경제적 문제를 간과할 순 없었다. 지인이 있는 부산으로 내려가 다시 사업을 시작했지만 생각만큼 쉽지 않았다.

계기는 다른 곳에서 찾아왔다. 2004년, 초등학교 5학년이었던 큰딸이 구토와 복통 등의 증상을 보이며 학교 가기를 거부했다. 증상에 대해 병원에서도 답을 내놓지 못했다. 정신적인 문제라고 판단한 그는 아이의 학교생활에 대해 질문했고, 딸은 학교에서 겪은 일을 털어놓았다. 같은 반 친구를 따돌리는 패거리에 맞섰다가 계속 괴롭힘을 당해온 모양이었다. 초등학교를 졸업하고 중학교에 입학한 후에도 아이는 힘들어했다. 활기차게 가족을 돌보던 아내도 아이의 모습에 고민이 많았다.

"우리 지방으로 내려가면 어떨까요?" 아내의 의지와 아이의 모습에 그는 동의하지 않을 수 없었다. 추진력 강한 아내는 이사를 위한 자료를 모으기 시작했다. 부부는 이주할 지역을 고심하며 도시와 완전히 동떨어져 있는 곳, 아이들이 마음껏 뛰어놀 수 있는 곳이어야 한다는 원칙을 세웠다. 그들이 첫 정착지로 정한 곳은 경북 청송이었다.

집을 알아보고 할 일을 찾기 위해 1년 정도의 유예기간을 두기로 했다. 지방의 농가에는 보수와 관리를 맡아주면 임대료 없이 살 수 있는 빈집이 있다고 했다. 가족이 거주할 빈집과 사업 아이템을 구상하며 이주를 준비했다. 부산을 오가며 일을 하는 그를 대신해 귀농 준비의 대부분은 아내가 진행했다. 2006년, 드디어 다섯 가족의 농촌 생활이 시작되었다.

닭농부의 삶을 시작하다

IIIIIIIIIIIIII

이주 직후 그는 예전부터 관심이 있던 천연 곡물팩 제조와 유통 사업을 시작했다. 그러나 업계에 대한 분석과 사업성 판단 부재로 제대로 된 시도조차 못하고 접어야 했다. 농촌에 왔으니, 농사를 짓는 것이 순리에 맞을지도 모르겠다는 생각이 들었다. 앞으로 어떤 농사를 시작하든, 판로 확보를 위한 마케팅 계획과 업종 분석은 확실히 해야 한다는 깨달음이 생겼다.

본격적인 농사를 위해 다시 경남 진주로 이주한 가족은 인맥과 인터넷 카페, 지역 귀농센터 등에서 많은 정보를 모았다. 당시 특용 작물로 주목받던 블루베리나 돼지감자, 진주 지역에서 많이 재배하는 하우스 딸기를 비롯한 밭작물을 고려했다. 특히 논농사를 짓고 있는 귀농인들과 토착 농부들의 이야기에 귀 기울였다. 그 결과 초기 자본이 많이 드는 과실수나 여러 인력이 필요한 작물은 현실적으로 불가능하다는 판단이 섰다.

농장이 지금처럼 안정기에 접어든 건 아내 영신 씨의 공이 컸다. 닭 농장을 운영하는 귀농인을 만나고, 진주로 이주해 땅을 빌려 무작정 200마리의 닭을 사들였을 때도 농장을 전적으로 관리한 것은 아내였다. 텐트로 만든 닭집은 심한 비바람에 자주 쓰러져 그들의 마음도 함께 무너지는 일이 빈번했다. 게다가 사업이 완전히 정리되지 않았던 그는 부산을 오가며 닭을 돌봐야 했다.

"시작할 때 닭의 두수는 많지 않았지만 처음이니 아내가 많이 힘들었을 겁니다. 이상하게도 제가 다른 걸 찾아 마음이 뜨면 달걀이 잘 안 나오더라고요. 마음을 비우고 닭 옆에 있다 보니, 어느 순간 자연스럽게 전업 농부가 되었습니다."

닭 농장을 운영하기로 결심한 가장 큰 이유는 부부의 노동력으로 감당할 수 있는 작은 규모의 농사가 가능하다는 점이었다. 초기 자본이 많이 필요하지 않고, 투자금 회수가 비교적 빠른 시일 안에 가능하다는 것도 장점이었다. 또한 길게는 10년을 기다려야 소득을 얻을 수 있는 과실수나 특용 작물과는 달리 시작 후 몇 개월 이내에 생활이 가능한 현금을 만질 수 있다는 점도 매력적이었다. 수확물인 닭과 달걀의 경우 직거래로 충분히 팔 수 있을 거라는 판단이 섰다. 도시에서 쌓은 인맥들을 활용할 수도 있을 거라는 믿음도 있었다.

농장은 그가 온전히 집중하자 신기할 만큼 안정을 찾았다. 닭집도 더 튼튼히 지었고 사료에도 공을 들였다. 닭들은 부부의 보살핌에 건강해졌고, 규칙적으로 질 좋은 달걀을 낳았다. 닭 두수는 꾸준히 늘어 본격적인 방사를 위해선 땅을 넓혀야 할 만큼 많아졌다. 그들이 자리 잡은 농장은 풀밭과 유기물이 풍부한 남향의 평지로, 사람들이 거주하는 지역과 떨어져 있어 닭을 방사하기엔 최적의 장소였다. 부지에 곤란을 겪는 그들을 위해 이웃 어르신이 나서서 소유주가 다른 농장 주변의 조각땅을 모아 구입할 수 있게 주선해 주었다. 2500평 정도의 넓은 부지를 쓰기 위해 대출이 필요했지만 닭들이 자유롭게 뛰놀 수 있다는 생각에 웃음만 나왔다.

모든 절차가 끝나고 드디어 닭을 옮기는 일만 남았다. 먼 거리라면 닭장을 빌려 차로 이동하면 됐지만, 고작 몇십 미터 앞으로 이사하는 것이었기에 닭을 옮기는 일도 문제였다. 궁리 끝에 밤이 되면 꾸벅거리며 조는 닭을 붉은 고무 대야에 조심스럽게 담아 직접 날랐다. 어둠 속에서 미끄러져 길 옆 도랑에 닭과 함께 곤두박질치기도 했지만 힘든 줄도 모를 만큼 즐거웠다. 닭들이 활개치며 다닐 수 있는 넓은 농장을 갖게 되었다는 사실이 너무나 뿌듯하고 감격스러웠다. 어두운 밤하늘 저편에 노랗게 떠 있는 보름달이 갓 나온 매끈한 달걀처럼 빛났다.

닭과 함께하는 성실한 하루하루

농장은 다섯 칸으로 구획된 양계장과 둔덕 기슭을 따라 펼쳐진 방사장으로 나뉘어 있다. 닭들이 알을 낳는 양계장은 방사장에서 신나게 뛰어놀고 들어온 닭들이 먹고 쉬며 단잠을 잘 수 있도록 충분한 공간을 확보했다. 그야말로 제멋대로 자라기 충분한 농장이 마련됐다. 암탉과 수탉은 약 10대 1의 비율로 구성돼 있는데, 달걀의 질을 위해선 알을 낳는 암탉뿐만 아니라 수탉의 상태에도 신경 써야 한다.

알을 얻기 위해서는 생후 80일가량 된 암탉을 구입해 농장에 적응할 수 있는 시간을 줘야 한다. 적응을 마친 암탉은 생후 130일이 지나면 알을 낳기 시작한다. 두 달 정도 적응을 거치고 건강한 몸을 만든 닭은 1년 동안 질 좋은 달걀을 선사한다. 해가 빨리 뜨는 봄과 여름에는 해가 짧은 가을이나 겨울보다 일찍 알을 낳는다. 농부의 생활 또한 그 흐름에 맞춰질 수밖에 없다.

아침에 일어나면 가장 먼저 닭들에게 줄 사료를 챙기고 적당한 시간에 달걀을 거둔다. 알 낳을 시간에는 방사하지 않고 양계장에 두는데, 넓은 방사장에 알을 낳게 되면 찾기도 힘들고 언제 낳았는지 알 수 없기 때문이다. 닭의 습성상 비슷한 장소에 낳기 때문에 거두는 일은 어렵지 않지만, 낳은 때가 확실하지 않거나 약간이라도 미심쩍은 부분이 있으면 폐기하는 것이 원칙이다.

일상은 사계절을 따라 단순하고 자연스럽게 흘러갔다. 도시에서는 생각하는 대로 실천하며 사는 단순한 방식이 불이익으로 돌아올 때가 많았다. 이해할 수 없는 부조리를 이곳에선 덜 겪을 것 같았다. 자연의 순리대로 '방사 유정란'이라는 이름에 걸맞은 닭농사를 짓고 있으니 말이다.

자연 상태로 면역력을 키운 닭에겐 항생제가 필요 없으니 무항생제 달걀을 생산하는 것이 가능했다. 다만 계절이나 수급 상황을 고려하면 천연 재료로 직접 만든 사료를 100퍼센트 완벽하게 공급하는 것이 무리일 때도 있었다. 최대한 자가 사료 비율을 높이고, 농사 전반에서 납득 가능하고 지킬 수 있는 원칙을 세웠다.

"항생제의 유혹은 정말 달콤합니다. 여름철엔 닭들이 감기에 많이 걸립니다. 절기가 바뀌며 상태가 좋지 않을 때도 있죠. 매

실이나 각종 약초를 먹이지만 주사 한 방만 하겠습니까? 저희 같은 소규모 농장도 이런데, 대규모 양계장에서 무항생제 원칙을 지키려면 얼마나 공을 들이고 신경을 써야 할까 싶습니다."

유혹에 넘어가기보다는 일의 규모를 줄여 닭에게 관심을 갖고 더 세심히 지켜보는 것이 마음 편했다. 시설을 정비하고 먹이에 더욱 신경썼다. 유행병을 완전히 피할 수는 없지만, 그때마다 대책을 세워가며 아직까진 큰 문제 없이 유지되고 있다.

그가 생산하는 친환경 방사 유정란은 일반적인 마트 제품과 비교하면 비싼 편이다. 그러나 시장에 공급되는 동물복지 방사 유정란과 비슷한 가격이고, 동물복지에 대한 인식이 점차 높아지며 소비자들도 달걀 값에 대해 수긍하는 분위기다. 닭농사 초기에는 그를 신뢰하는 지인들 중심으로 판매를 시작했다. 로컬푸드 판로 또한 각종 모임에 참석하며 알게 된 사람들을 통해 소개받았다. '자연이네 유정란'의 가장 큰 브랜드는 바로 정직한 농부인 그 자신이었다. '자연이'는 판소리를 전공하는 막내딸의 이름이기도 하니, 가족 전체가 제품의 품질을 보증하고 있는 셈이었다.

자연과 사람이 함께 짓는 농사

||||||||||||||||||

마당 텃밭에서 갓 딴 박하 잎으로 우린 차는 향긋했다. 마당엔 잡초와 푸성귀, 그리고 허브가 제멋대로 섞여 자라고 있었다. 제초제를 쓰거나 잡풀을 뽑으면 더 좋은 채소를 수확할 수 있겠지만 땅이 가진 힘이 사라질 수 있고, 그렇게 되면 지렁이나 다른 유기물 등 닭이 먹어야 할 것이 줄어든다. 무엇보다 땅이 오염되면 방사해서 키우는 닭에게 영향을 미칠 수 있다. 농사는 이렇게 모든 것이 연결돼 있다.

귀농이라는 변화 속에서 가족들은 서로에게 가장 큰 힘이었다. 이상주의자인 남편을 잘 아는 아내 영신 씨는 숱한 이직과 사업 실패에도 묵묵히 그를 지지해주었다. 가족 공동체에 가장 잘 맞는 삶의 방식이 농촌에 있을지도 모른다는 생각으로 귀농을 적극적으로 주도한 것도 영신 씨였다. 아내 덕분에 정직과 자존감을 지키며 세상과 공존하는 일상을 지켜가고 있다며 송헌수 씨는 고개를 끄덕였다. 달걀 주문을 어떻게 해야 하냐고 묻자 아내의 핸드폰 번호를 알려주며 쑥스럽게 웃었다.

"농장과 관련된 돈 관리는 모두 아내가 맡고 있습니다. 저는 닭만 잘 돌보면 됩니다. 이제 빚도 갚기 시작했고 경제적으로 안정을 찾았습니다. 다 아내 덕택이죠. 늘 미안하고 고맙습니다."

영신 씨는 현재 일주일에 두 번, 지자체의 인지발달 취약계층 서비스 중 하나인 '취약계층 자녀 교육 프로그램'의 바우처 교사로 일하고 있다. 다문화자녀, 장애인, 취약계층 아동을 위해 책을 읽어주거나 한글을 가르치는 교육 프로그램 서비스다. 영신 씨는 이 일을 하며 느낀 점이 많다. 지방의 교육이나 복지제도는 수도권과 차이가 크고, 지방의 취약계층 아동이 받을 수 있는 교육적 혜택은 매우 적다. 부부는 새로운 삶을 시작한 지역의 아이들에게 교육을 지원할 계획을 세우고 있다.

성실한 농부로 사는 부모를 보며 두 딸과 아들도 자신의 방식으로 꿈을 키워갔다. 여러모로 가족에게 귀농은 좋은 선택이었다. 귀농의 계기기도 했던 큰딸은 세상에 도움이 되는 사람이 되고 싶다는 꿈을 이루기 위해 대학 졸업 후 국제기구 인턴으로 사회에 첫발을 내딛었다. 도시에서보다 더 즐겁게 학교를 다니던 아들은 요리 공부를 하며 진로를 모색하고 있고, 막내는 판소리 전공으로 음대에 진학했다. 귀농은 가족 모두가 자신의 방식으로 세상에 설 수 있는 토대를 마련해 준 셈이다.

송헌수 대표는 특별한 만 원짜리 한 장을 지갑에 반듯이 접어 넣고 다닌다. 대중교통이 발달하지 않은 시골인 만큼 그는 차를 타고 나가는 길에는 꼭 주변을 살펴 지역 주민들과 목적지까지 함께 이동하고는 했다. 그가 지닌 만 원은 여러 번 그의 차를 탔던 동네 어르신 한 분이 말없이 놓고 내린 것이다. 또 다른 이웃은 농사지은 양파 한 무더기를 차 트렁크에 쏟아놓기도 했다. 돌려주려 해도 막무가내였다. 누군가는 닭에게 주라며 한나절 열심히 잡은 지렁이와 곤충이 담긴 커다란 비닐봉투를 쥐어주기도 했다. 따뜻한 마음이 담긴 선물들에 어떻게 보답할 것인지 그의 머릿속엔 생각이 많다.

"명절에는 동네 이웃분들에게 계란을 나눠드립니다. 그분들이 대를 이어온 터에 함께 살게 해준 것에 고마움을 표현하는 거예요. 내가 행복하고 가족과 이웃이 모두 행복해야 비로소 행복한 우리가 될 수 있죠. 논둑에서 만나 안부를 묻고 인사하는 평범한 일상이 공존의 시작이라는 걸 알게 되었습니다."

얼마 전 그는 다양한 종류의 사탕이 가득 들어있는 낯선 택배를 받았다. 그가 페이스북에 올린 글을 보고 차에 타는 노인들께 드리라며 누군가 보내온 것이었다. 시대가 바뀌어 SNS로 지역을 초월하는 일이 가능해졌다. 일상에서의 '통합'은 어쩌면 이런 것일지도 몰랐다. 작은 일이지만 행복을 공유하고 함께 웃는 것. 평생 안고 살아온 신념과 일상이 접점을 찾는 순간이었다.

자신만의 철학을 갖추는 일

||||||||||||||||

40대 중반에 시작한 농촌 생활도 어느덧 10년이 훌쩍 넘었다. 남들보다 긴 시행착오를 거친 만큼 초보 농부로서 귀농을 생각하는 이들에게 들려주고 싶은 이야기가 많다.

"귀농은 되도록 젊을 때 하는 것이 좋다고 생각합니다. 특히 자녀들이 스스로 삶을 찾아가도록 자기 탐색의 시간을 주고 싶은 분들에게 권하고 싶습니다."

농사는 육체적인 에너지가 많이 필요한 일이므로 빠르게 시작할수록 좋다고 그는 말한다. 귀농했을 때 그는 40대, 아내는 30대였다. 빠른 귀농이 힘들다면 귀농을 염두에 둔 순간부터 농사의 현실적인 감각을 익히기 위해 실제 작물을 키우는 경험을 반드시 해봐야 한다.

구체적으로 정착할 지역에 대해 시간을 들여 알아보는 것도 중요하다. 정착 지역에서 많이 재배하는 작물을 택하는 일이 많지만, 신중하게 따져봐야 한다. 그가 정착한 진주와 수곡 지역에는 논농사를 짓거나 하우스 딸기를 재배하는 농가가 많다. 그러나 하우스 농사는 초보 농부가 감당하긴 힘들다. 평생 농사를 지어온 분들과 구매자들의 입맛을 놓고 경쟁하는 것은 어렵다.

자신의 경쟁력이 무엇인지 생각해보는 일이 중요하다.

도시에서 귀농했다면 다품종 소량생산으로 도시의 인맥에 기반한 직거래 마케팅을 염두에 두는 것도 방법이 될 수 있다. 제철 유기농산물, 가공품을 일주일 분량으로 골고루 담아 가정에 배달하는 '꾸러미' 판매도 인기를 끌고 있다. 꾸준히 신뢰를 지키며 상황에 맞는 다양한 방법을 생각해볼 수 있다고 그는 조언한다.

귀농 후 작물이 자리잡고 수익을 내기까지는 최소한 3년에서 5년의 시간이 걸린다고 한다. 그 시간 동안 농촌에서 소득을 얻을 수 있는 다양한 일을 찾을 수 있다. 일례로 경남 지역에선 화재 관리를 위한 '산불 방재원'을 두고 있다. 3~4시간 산과 들을 돌며 산불 안전을 체크하고 보수를 받는다. 교육 관련 경험이 있다면 영신 씨처럼 복지관의 교사로, 예체능 등의 특기를 살려 해당 분야의 강사로 일할 수도 있다. 진주 쪽에는 하우스 농사 덕분에 수확해야 할 작물들이 1년 내내 차고 넘치지만 일손은 늘 부족한 상태다. 품앗이 일꾼의 일당은 15~20만 원으로 적지 않다. 일은 고된 편이지만, 농사일에 대한 감을 키운다고 생각하면 경험도 쌓고 돈도 벌 수 있다.

귀농에서 무엇보다 중요한 것은 자연과 삶에 대한 철학이라고 그는 말한다. 그의 평생 화두였던 '융합'의 철학은 귀농 후 더욱 확고해졌다. 귀농은 그에게 공동체의 행복과 건강이라는 목표를 실현할 수 있게 해준 인생의 전환점이 됐다.

일이 자신의 가치를 지키기 위한 중요한 기반이라는 건 누구도 부정할 수 없다. 그래서 송헌수 씨의 차와 집안 곳곳은 물론, 손끝에서도 풍기는 닭 냄새는 그에게 소중하다. 지독하게 경쟁하거나 누군가를 상처 입히지 않고 정직하게 일하는 농부에게 농사는 그만큼의 결과물을 보여준다. 행복하게 자라는 닭이 낳은 둥근 달걀은 농부가 땅을 딛고 하늘을 향해 바로 설 수 있는 든든한 기반이 됐다. 두 번째 인생에서 만난 귀농은 그의 천성에 꼭 맞는 삶을 선사했다. 갓 낳은 초란처럼 작지만 알찬, 그리고 새로운 가능성을 품은 따뜻한 삶 말이다.

귀농·귀촌을 위한 준비 과정과 지원 제도

귀농은 도시 생활을 접고 농업이나 어업을 생계 수단으로 하는 농촌 생활을 뜻하며, 귀촌은 생계보다는 남은 인생을 원하는 곳에서 여유롭게 살기 위한 전원 생활을 말한다. 60대 귀농이 주를 이루던 이전과는 달리 40대와 50대의 비중이 크게 늘고 있고 최근엔 30대의 귀농도 증가하는 추세다. 농촌에서 가능성을 찾는 시도는 앞으로도 크게 늘어날 전망이다.

'사회적 이민'이라고 부를 만큼, 귀농·귀촌은 익숙했던 지역을 벗어나 새로운 곳에서 삶을 시작하는 큰 결정이기에 철저한 준비가 필요하다. 준비부터 정착까지 단계별로 참고할 사이트와 전문가들의 조언을 정리했다. 이주할 지역 지자체의 농업기술센터나 귀농지원센터를 이용하며 적극적으로 정보를 모아나가면 좋다.

1단계 : 귀농 결심

농사에 대한 적성을 판단하고 사전 정보를 습득해 귀농에 대한 의지를 다지는 단계다. 귀농의 이유와 목적에 대해 깊이 생각해 봐야 한다. 짧게는 몇 달, 길게는 몇 년의 시간이 걸릴 수도 있다. 관련 정보를 파악하고 농사일을 체험하며 농촌 환경에 대한 정신적·육체적 적응력을 판단해야 한다.

1. 귀농·귀촌 정보 구하기

기관	내용
귀농귀촌종합센터 (www.returnfarm.com)	농림축산식품부에서 제공하는 귀농·귀촌 정보 사이트. 방대하고 알찬 귀농·귀촌 대표 포털로 교육 프로그램, 준비 절차, 교육 정보, 사례, 빈집 정보 등 다양한 정보를 제공한다.
농림수산식품 교육문화정보원 (www.epis.or.kr)	교육, 지원 정책, 작목 등 다양한 정보를 제공한다.
농업ON (www.agrion.kr)	농·식품 지식 정보 사이트. 농업 관련 데이터, 농업 경영 장부, 경영 지원·컨설팅 서비스와 뉴스 등을 제공한다.
농업교육포털 (www.agriedu.net)	농업 관련 교육 사이트. 온라인 교육은 물론 집합교육도 신청할 수 있다.

2. 체험하기

귀농 전 선행 학습	내용
텃밭 체험	주말 텃밭을 체험할 수 있는 프로그램을 이용하거나 텃밭용 노지를 다양한 크기로 분양받을 수 있다. 민간에서 운영하는 텃밭 외에도 시·도 농업기술센터에서 저렴한 임대료로 공공 텃밭을 분양받을 수 있다. 서울농업기술센터 홈페이지(agro.seoul.go.kr)와 서울도시농업 홈페이지(cityfarmer.seoul.go.kr)에서 도시 텃밭 정보를 볼 수 있다.
귀농 전 농촌 체험	한국농어촌공사에서 운영하는 웰촌포털(www.welchon.com)에서 전국 농어촌 체험 마을과 체험 행사에 대한 정보를 얻을 수 있다.
귀농인 농업인턴제	지원되는 보수를 받고 농사일을 체험하는 제도. 일손이 부족한 농가는 도움을 받고, 귀농을 희망하는 인턴은 농사일을 경험할 수 있다. 지역과 시기마다 채용 사항이 달라질 수 있으니 원하는 지역의 시군구 귀농 담당과에 직접 전화해 문의해야 한다.
귀농귀촌 컨설팅·멘토링	농업 경영 컨설팅 전문가나 선도 농가, 귀농 선배에게 농촌 정착, 작물 결정과 재배, 현장에서 만나는 어려움 등에 대해 다양한 멘토링을 받을 수 있다. 귀농귀촌종합센터(www.returnfarm.com)나 농업교육포털(www.agriedu.net)에서 관련 정보를 확인할 수 있다.
귀농인의 집	귀농귀촌 희망자가 거주지나 영농 기반을 마련할 때까지 거주하거나 일정 기간 영농 기술을 배우고 농촌 체험 후 귀농할 수 있도록 임시 거처를 제공하는 사업이다. 귀농귀촌종합센터(www.returnfarm.com)를 참고하거나 귀농 지역 시·군청에 문의하면 된다.
귀농인 선도 농가 현장 실습	농어촌 지역에 이주한 귀농인에게 영농 기술 및 품질 관리, 경영·마케팅에 필요한 단계별 현장 실습 교육 등을 통해 안정적인 정착을 지원하는 실습 프로그램이다. 실습을 원하는 시군 농업기술센터 홈페이지에서 신청할 수 있다.

2단계 : 가족 동의

귀농은 가족 모두가 농촌에 뿌리내리고 살게 되는 만큼, 함께 정착할 가족 구성원 간 협의는 필수다. 교육과 문화생활 등에서 멀어지는 만큼 배우자나 자녀들과 충분히 의견을 나눠야 한다. 함께 관련 강의를 수강하거나 체험을 통해 농촌 생활을 미리 경험하는 것도 도움이 된다. 시간을 두고 많은 대화를 하며 진행해야 한다.

3단계 : 작목 선택

자신의 여건과 적성에 맞는 작목을 선택한다. 성공 사례만 듣고 작목을 선택하는 일은 위험하다. 농사가 쉽고 시세를 덜 타며, 기술과 자본 투자가 적은 작목을 선택해 시작하는 것이 좋다. 교육이나 컨설팅을 통해 작목 선택에 도움을 받을 수 있다.

4단계 : 영농기술 습득

대상 작목을 선택했다면, 그에 대한 기술을 배우고 익혀야 한다. 영농기술은 귀농의 성패를 좌우할 수 있는 중요한 요소이니 온·오프라인 교육기관과 영농 체험을 통해 기술을 습득한다. 성공한 농가 견학, 현장 체험 프로그램 등을 적극 활용하여 기술을 확보하는 동시에 귀농에 대한 자신감과 의지를 다지는 계기를 마련할 수 있다.

민간 주도의 강의, 현장 실습, 영농 정착 기술교육 등 온·오프라인 강의에 관한 정보는 귀농귀촌종합센터(www.returnfarm.com)와 농업교육포털(www.agriedu.net)에서 상세히 알 수 있다. 귀농 후 정착을 위한 다양한 교육은 물론 농촌 창업, 작목, 귀농 생활 등에 필요한 최신 정보를 한눈에 볼 수 있다.

5단계 : 정착지 물색

정착지를 선택할 때는 선택한 작목의 입지 조건, 자녀 교육 환경, 생활 여건 등에 부합하는지 세심히 살펴봐야 한다. 구입하거나 빌릴 수 있는 토지의 면적, 귀농 후 자신의 라이프 스타일에 따른 주거지 위치를 체크한다. 작목과 원하는 위치, 소요 자금 등을 따져 몇 개의 후보지를 정한 후 직접 방문하고 마을 사람들을 만나보는 것도 좋다.

6단계 : 주택 및 농지 구입

정착지가 결정했다면 주택과 농지를 마련해야 한다. 신축 혹은 기존 주택 구입 여부를 결정하고, 형태와 규모 등을 따져 구체적인 계획을 세운다. 신규 주택 건축의 경우 정부가 제공하는 농어촌주택 표준설계도를 이용하면 설계 비용을 절약할 수 있다.

농지는 임차나 매입 여부를 결정해 몇 군데를 골라보고 면적, 토양, 물 이용을 충분히 고려해야 한다. 매입해야 한다면 가격을 검토하고 농업기술센터 등에 자문을 구하는 것이 좋다.

주택의 경우 빈집을 이용하는 방법도 있다. 빌려 쓰는 집인 만큼 수리할 것을 고려해 집을 살펴봐야 한다. 땅과 집 모두를 빌려 농사지을 수 있는 곳을 알아보는 것도 좋다.

귀농귀촌종합센터(www.returnfarm.com)와 농지은행(www.fbo.or.kr)에서 농가 주택 구입과 농지 취득 절차 등을 상세하게 알 수 있다. 농촌 정착 지원을 위한 대출 등의 지원 사업을 적극적으로 이용해보는 것도 좋다. 지원 제도는 귀농귀촌종합센터(www.returnfarm.com)에 업데이트되는 정보를 반드시 확인해야 한다.

7단계 : 영농계획 수립

어떤 농업 경영을 할 것인지 결정해야 하는 단계다. 단일 작목과 복합 작목, 노지 재배와 시설 재배, 일반 재배와 유기 재배 등에 대한 정보를 모아 자신이 가진 노동력과 경영 규모를 따져 계획을 세워야 한다.

첫 수확 시기를 고려하는 것도 중요하다. 초보 영농이라면 가격 변동이 적고 자본이 적게 드는 작목을 선택하는 것이 좋다. 최소 6개월에서 길게는 5년 넘게 걸리는 첫 수확 시기를 계산해 기간에 맞는 계획을 세우는 것이 중요하다.

4부

＊

세상에 흔적을 남기다

연대하는
삶의 기쁨

봉사의 사전적 의미는 이렇다. '국가나 사회 또는 타
인을 위해 힘을 바쳐 애쓰는 것'. 여기에는 물질적
대가나 보상에 대한 기대는 배제한다는 잠재적 의미가 포함된
다. 퇴직 전까지 직업을 갖고 일을 해온 이들이 퇴직 후 염두에
두는 일 중 하나가 바로 봉사와 사회공헌이다.

그러나 많은 퇴직자들이 재취업이나 창업을 먼저 찾아본다.
그중에서도 경력을 이용할 수 있는 재취업을 선호한다는 통계
가 있다. 마음은 봉사와 사회공헌에 있지만 직면한 경제 활동도
중요하기 때문이다. 경력을 활용해 경제 활동과 사회공헌 활동
을 함께 할 수 있다면 어떨까? 아마 많은 이들이 생각하는 퇴직
후의 이상적인 모습일 것이다.

이선미 씨는 20여 년 간의 회사생활에서 쌓은 경력과 사회적
네트워크를 새로운 일과 사회공헌으로 잇고 있는 자신의 이야
기를 들려주었다. 외국계 기업 HRHuman Resources 커뮤니케이션

매니저로 직장 생활을 했고, 현재 그 이력을 이어 기업 HR 관련 콘텐츠 강사와 외부 면접관으로 활동하고 있다. 강의를 하는 일이 자신에게 잘 맞는다는 것을 알게 된 후 사회공헌 활동에 재능을 적극 활용하기도 했다. 과거는 해야 할 일에 대한 답을 줬고, 현재는 미래를 위한 준비에 단서를 줬다. 이 모든 것을 관통하는 핵심은 바로 '사람'과 '관계'였다.

"경력과 만남, 이 둘을 잘 꿰어 이어가는 것이 사회생활에서 제일 중요했습니다. 일과 사회공헌 활동의 시작이 그곳에 있어요. 진심으로 부딪힌 만남이라면, 그 안에서 버릴 경험은 하나도 없거든요."

사람을 마주하는 일의 기쁨

|||||||||||||||||

영문학을 전공한 그의 첫 직장은 친구의 추천으로 일하게 된 용산 주한미군 부대였다. 매일이 똑같은 단조로웠던 장교 통역비서 업무는 사회 초년생인 그에겐 재미가 없었다. 보다 역동적인 조직생활을 하고 싶어 이직한 곳이 스웨덴계 기계 회사인 '아트라스콥코AtlasCopco'였고, 그는 외국인 사장의 비서로 일했다. 1989년 당시 공장과 본사를 합쳐 30명 남짓이었던 작은 규모의

회사에는 3년에 한 번씩 신임 사장이 부임했다. 현지 상황 파악을 위해 사장 최측근인 비서의 역할은 중요할 수밖에 없었다.

굴착기나 산업용 중장비를 취급하던 회사는 한국 지사를 키웠고, 비서 겸 전략 업무를 하며 회사의 전반적인 상황을 누구보다 잘 알고 있던 그는 신설된 인사 부서의 HR 매니저가 되었다. 이익에 따라 입장이 명확한 노조와 회사 임원진 사이를 조율하는 일은 쉽지 않았지만 능력에 대한 보상, 그리고 인간에 대한 신뢰라는 원칙을 갖고 일하기 위해 애썼다.

조직의 입장에서 사람을 판단해야 하는 HR 매니저는 차갑고 냉정해야 한다. 그러나 여러 일을 겪으며 어느 순간 자신이 조직의 이익에 맞춰 사람의 문제를 냉정하게 판단할 수 있을지 의문이 들었다. 조직과 나의 발전을 동시에 이룬다는 말이 허상처럼 느껴지기도 했다. 경쟁하며 소모적인 신경전을 벌이는 것이 부질없다는 생각이 들었다. 탈출구는 회사를 그만두는 일뿐이었다.

퇴사 후 온전히 두 아이의 엄마로 지내는 나날은 평화로웠지만, 현실적으로 일을 떠날 수는 없었다. 수입상을 운영하는 지인의 일을 도와주며 무역업에 흥미를 느꼈다. 2007년, 50대를 앞두고 그는 조금이라도 젊을 때 다른 곳에서 새로운 일을 해보자는 생각에 무역 사무소의 현지 법인 일을 제안받고 홍콩으로 떠났다. 3년간 열심히 일했으나, 당시 미국에서 시작된 글로벌 금융 위기와 자녀들의 교육 문제가 겹쳐 한국에 돌아가야 할 상황이 되었다. 홍콩 생활을 나름 즐기고 있던 그는 아쉬운 마음과 함께 앞으로 해야 할 일에 대해 생각이 많아졌다. 그러나 하나의 문이 닫히면 또 다른 문이 열리곤 했던 경험은 상황을 긍정적으로 보도록 만들었다. 어떤 문이 열릴지 기대하는 마음으로 한국에 돌아왔다.

문은 비교적 일찍 열렸다. 지인으로부터 재직 시절 진행했던 성희롱 예방 강의를 해달라는 요청이 들어왔다. 회사가 아닌 곳에서의 강의는 처음이었다. 자료를 모아 준비를 시작했고 떨리는 마음으로 강의안을 수정했다. 다행히 반응은 좋았고, 연달아 다른 기업체와 복지관에서 강의를 할 수 있었다. 사람들을 마주하며 강의하는 일은 재미있었고 자신이 할 수 있는 새로운 일을 찾았다는 확신이 들었다.

체계적인 강사 교육을 받고 싶어 서울시 여성능력개발원을 찾아 교육을 받았다. 경험이 가장 중요하다고 생각해 들어오는 강의는 일정이 되는 한 모두 진행했다. 일단 인사·노무·취업 관련 강의는 전부 소화할 수 있었다. 비교적 수요가 많은 콘텐츠를 갖고 있어서 운이 좋다는 생각을 했다.

수요가 많으면 공급 또한 넘치는 법이다. 좋은 이력을 가진 실력 있는 강사들은 얼마든지 있었다. 프리랜서 강사로서 경쟁력은 필수였다. 콘텐츠와 강의 스킬을 공부할 수 있는 곳을 찾아다녔다. 중소기업벤처부, 한국고용정보원 같은 정부기관이나 입소문난 민간 강의들도 놓치지 않았다. 교육을 받고, 강사 양성 과정을 마치고, 다시 강의를 하며 사람들을 만났다. 강의 역량을 늘리는 가장 좋은 방법은 역시 많이 해보는 것이었다. 소개를 받는 일도 있었지만 강의가 필요한 곳을 직접 찾아 연락하고 먼저 제안서를 보냈다. 그 결과 강의 공부를 하기 위해 찾았던 서울시 여성능력개발원의 '여성취업고취의식 프로그램'에서 2년간 전속 강의를 맡을 수 있었다.

기업 HR 매니저로 근무한 이력과 강사로 활동한 경력을 바탕으로 기업의 외부 전문 면접관 제안도 들어왔다. 금융기관, 외국계 회사, 공공기관의 전문 면접관 활동은 강의에 최신 트렌드를 반영하며 활용되기도 했다. 모든 경험은 지식과 경력을 성장시키며 상호보완적으로 작용했다.

프리랜서 전문 강사로 자리 잡은 그는 사람들 앞에서 강의하는 일에 흥미를 갖고 있다면 한 가지 업무를 오랜 시간 해온 경력이 좋은 콘텐츠가 될 수 있다고 말한다.

"강의는 사회적으로도 매우 도움이 되는 일이에요. 오랜 시간 쌓아온 지식과 노하우를 세상에 전달할 수 있는 효과적인 방법이니까요. 강의 스킬이나 내공은 많이 하다 보면 반드시 늘게 돼 있습니다."

가장 행복했던 순간을 돌이키다

||||||||||||||

회사를 다니던 때, 직장 생활은 그에게 거의 전부였다. 회사 근처로 이사할 정도로 열정적으로 일을 했고, 스트레스는 당연한 것으로 여겼다. 그러나 일 외의 취미를 가꾸며 행복해하는 동료들을 보며 생각이 많아졌다. 과거를 거슬러 즐겁고 행복했던 순간을 떠올려봤다. 대학 시절 봉사활동에 참여했던 기억들이 반짝였다. 언젠가 그때의 행복을 온전히 누리고 싶었다. 가톨릭대학교 사회복지대학원에 입학했고 앞으로 할 일들을 계획했지만 회사 때문에 등록만 하고 줄곧 휴학 중이었다. 퇴직 후 가장 먼저 한 일은 바로 미뤄둔 대학원을 마친 것이었다.

경력과 영어 실력, 그리고 뒤늦게 개발한 강의 실력은 본격적인 사회공헌 활동을 위한 든든한 무기가 되었다. 인사 업무를 했던 이력을 바탕으로 복지관에서 청소년 직업 교육, 장애인 바리스타의 고객만족 교육, 시니어 창업 컨설팅 강의 등으로 활동을 시작했다. 그동안 쌓은 경력을 활용할 수 있는 사회공헌 활동은 아주 많았다.

유창한 영어 실력도 활동 범주를 넓히는 데 도움이 되었다. 사단법인 'BBB코리아'에서 영어 통역 자원봉사를 시작했다. 한국에 온 외국인이 언어 소통이 필요한 순간에 전화로 통역을 부탁하면 진행하는 일이었다. 단순히 길을 묻는 통화 외에도 경찰

서나 병원에서 오는 시급한 전화에 긴장한 순간도 있었지만 타지에 있는 이들을 도울 수 있다는 사실이 보람으로 다가왔다.

2013년부터는 서울시 이모작센터의 시니어전문자원봉사단 외국어 부문에 지원해 활동을 시작했다. 제20차 '세계노년학노인의학대회'의 통·번역단에 투입됐을 때는 세계 석학들의 이야기에 귀를 기울이며 자부심과 기쁨을 느끼기도 했다.

NGO 봉사를 시작하다

||||||||||||||

그가 사회공헌 활동을 기획하며 꼭 한번 도전해보고 싶었던 것이 바로 해외 NGO 활동이었다. 사회복지 석사 과정을 통해 알게 된 지식을 폭넓게 활용해 봉사의 범주를 넓혀보고 싶었다.

일단 공부가 필요하다는 생각에 한국국제협력단 '코이카 KOICA'에서 '세계개발협력전문가' 과정을 수강했고, '세계시민교육' 과정을 강의할 수 있는 교육도 받았다. 중·고등학생 대상의 공동체 교육 과정인 세계시민교육은 지역사회나 국가를 넘어, 지구촌 공동체를 살고 있는 우리 모두가 연결돼 있다는 것을 전제로 한다. 열린 사고로 지구촌 문제에 관심을 갖고 다양한 문화를 존중하는 세계시민을 양성하는 것을 목표로 하고 있으며, 빈곤과 불평등이 없는 세상을 만들겠다는 의지를 학생들에게 자연스럽게 심어주는 과정으로 구성돼 있다. 상호의존성과 다양성, 인권 등 사회 문제까지 짚어보게 만드는 세계시민교육이 주요 교과목보다 중요하다고 그는 생각했다.

강사 과정 이수 후, 빨리 현장 강의를 나가고 싶었다. 그에게 일이란 구하는 사람이 찾아야 하는 것이었다. 교육청 강사 구인 사이트를 계속해서 살폈다. 2018년, 공고가 올라온 중학교에서 한 학기 동안 세계시민교육 강의를 할 수 있었다. 아이들과의 만남은 너무나도 즐거웠다. 스펀지가 물을 흡수하듯 수업을 듣는 아이들을 보며 기쁘고 감사한 마음이 들었다. 이렇게 직접 발로 뛰어 수도권 지역 11개 학교에서 2018년엔 120시간, 2019년엔 80시간의 수업을 진행했다.

"아무도 나를 알아주지 않아요. 내가 나를 알려야 무엇이든 할 수 있다는 사실을 다시 한 번 깨달았습니다. 구하고 찾기 위해선 발로 뛰어야 합니다. 힘 닿는 데까지 입구를 찾고, 열심히 문을 두드리면 반드시 열리게 되어 있습니다."

교육과 봉사로 인연을 맺은 해외교육지원 NGO '호이HoE'를 통해 2019년 우간다 교육 봉사를 떠난 일은 잊을 수 없는 경험으로 남아 있다. 한국어를 영어로 번역하면 그 영어를 통역자가 우간다 토착어인 아촐리어로 번역하는, 조금은 번거로운 통·번역 봉사를 했다. 통·번역 외에도 강의 경험을 살려 아동

교육과 전쟁미망인을 위해 설립된 맘센터에서 직접 자립 교육 강사로 나서기도 했다. 내전과 경제적 궁핍이 지속되는 상황에서도 아동과 여성들이 자신을 인식하고 표현할 수 있도록, 극복을 위한 변화의 계기를 마련하기 위해 기획된 강의였다. 경이로운 아프리카의 대자연 속에서 인간이 만든 내전과 가난의 비참함은 아이러니하고 서글펐다.

"여성의 삶이란 역사적으로나 현실에서나 가장 아래로 향해 있고 피폐하다는 걸 아플 정도로 느꼈습니다. 삶에 대해 돌아보는 계기가 됐지요. 깊은 공감으로 슬픔이 몰려왔지만, 감정은 배제하고 그들은 자신의 삶을 살아간다는 냉정한 인식이 필요하다는 걸 깨닫기도 했습니다."

함께하면 배가 되는 에너지 증폭의 법칙

||||||||||||||

프리랜서로 활동하기 위해서는 좋은 인연들과 지속적으로 관계를 유지하는 일이 중요하다. 그는 사회생활에서는 물론, 스쳐가는 작은 인연도 소홀히 하지 않았다. 모든 일은 사람으로부터 시작된다. 함께 뜻을 모으면 즐거움과 안정감이 생기고 실질적으로 보다 큰 단위의 일을 할 수도 있다.

서울시 이모작센터에서 강의를 들으며 그는 노년학회 통·번역 등의 활동을 함께 했던 외국어봉사단과 다시 의기투합했다. '서울시 50+센터'에서 일본어·중국어·영어 등 외국어와 각 나라의 문화를 공부한 후 여행을 가는 강의 과정을 만들었다. 다양한 지역 단위 사회공헌을 시도한 결과 2020년엔 '효자동 작은 도서관' 공동 운영 단체로 선정되기도 했다. 1년간 코디네이터와 강연을 하며 도서관 관련 행사를 기획하고 진행하는 일이었다. 이렇게 같은 뜻으로 모인 이들과 인연을 유지하고 연대하는 일은 새로운 활동을 이어가는 데 큰 도움이 되고 있다.

프리랜서로 일하는 동안에도 강사간의 연대와 네트워크를 공고히 하기 위해 애썼다. 경쟁하기보다는 지식을 공유하며 실력을 키워가는 것이 개인의 발전은 물론 강의 개선에 더 효과적이었다. 혼자 정보를 쥐고 있기보다는 가진 것을 나누면 더 많은 것을 얻을 수 있었다.

"사람의 에너지는 연대하면 배가 됩니다. 그 느낌이 참 좋아요. 주변에 그 기쁨을 알고 기꺼이 함께해준 사람들이 많았어요. 긴 사회생활 동안 느낀 건 역시 사람이 답이라는 겁니다. 일도 봉사도 말이죠."

치열한 실천 없이 미래는 없다

||||||||||||||

퇴직 후 사회공헌 활동에 매진하는 이들을 보며 궁금한 점이 있었다. 보수가 주어진다고 해도 사회공헌으로 얻을 수 있는 수입은 생계에 큰 도움이 되지 않는 정도였다. 여유와 충분함의 개념은 사람마다 다르겠지만, 퇴직 후 봉사와 사회공헌 활동은 충분한 노후자금을 마련한 후에나 가능한 것일까? 이 질문에 대한 그의 답은 명쾌했다.

"할 수 있는 일을 계속 찾았어요. 재취업이나 거창한 창업이 아니어도, 그간 해왔던 일을 들여다보면 수입을 창출할 수 있는 통로가 분명히 있습니다."

그의 경우 물려받은 재산이 있는 것도 아니었고, 생활과 두 자녀의 교육에 바빠 돈을 모을 여유가 없었다. 일을 계속할 수 있는 체력과 열정, 강의를 할 수 있는 경력이 퇴직 후 남은 가장 큰 자산이었다.

"경제활동을 얼마나 지속할 수 있을지 알 수 없습니다. 다만 하나가 막히면 다른 길이 열렸던 그간의 경험을 믿을 뿐입니다."

열정적으로 살아온 인생에서 그는 이제 새로운 분기점을 맞고 있다. 마라토너는 달리면서 주변 상황과 흐름을 쉴 새 없이 파악하고 점검하며 흐름을 탄다. 그 또한 열정적으로 일하고 타인과 연대하며 새로운 일을 기획하곤 했다. 이제는 새로운 일을 하기보다는 그동안 해왔던 일, 그리고 본격적으로 노년의 삶을 계획해야 하는 단계로 접어들었다.

"제 이야기를 글로 풀어보고 싶어요. 늘 그래왔던 것처럼 공부하고 강의를 들으며 전문가들의 지혜와 경험을 빌려볼 예정이고요. 무엇이든 재미있고 가슴 뛰는 일들이 보이면 도전할 생각입니다. 계획대로만 되지 않는 것이 인생이니까요."

퇴직의 순간은 누구에게나 온다. 그때를 위해 누군가는 열심히 저축을 하고, 자격증 취득에 매진하거나 필요한 공부를 하기도 한다. 여기에 개인적인 행복감과 충족감을 찾아보라고 그는 조언한다. 지나온 시간을 꼼꼼히 되짚어보길 권한다. 반드시 후광이 보이는, 빛나는 한 장면이 그려질 것이다.

"일상에서 창조적이고 행복한 순간을 한번쯤은 만나게 됩니다. 그 순간이 바로 영감의 원천이 될 거예요. 대단하거나 구체적인 것이 아닐 수도 있어요. 그렇더라도 그 장면을 소중히 간직하며 하고 싶은 일과 연결해 보는 거예요."

하고 싶은 일을 구체화하면 실현을 위해 해야 할 일들이 떠오른다. 이때 비슷한 에너지와 목표를 가진 사람들과 연대하면 창의적인 시너지가 나올 수 있다. 바로 그 순간, 자신의 안에서 반짝이는 것을 붙들고 직접 발로 뛰며 일을 찾고 구해야 한다. 생각은 쉽지만 실행은 어렵다. 누군가 알려주거나 소개해주는 방식으로 쉽고 편하게 진행되길 바라면 곤란하다. 원하는 일이 있다면 직접 움직여야 한다.

언제부턴가 생각은 많아지고 실행은 힘들어진 일상을 돌아본다. 차곡차곡 쌓인 경험치는 생각을 늘리고 실행을 주저하게 만들기도 했다. 실행으로 이어지지 않는 무거운 생각들을 정리하고 덜어내는 것이 필요하다. 어디에든 '유有'를 만들기 위해선 행동하고 움직여야 한다는 사실을 다시 한번 새겨볼 필요가 있다.

모든 순간이
걷기 좋은 때입니다

초등학교 교사를 그만두고 65세 이후 14년간 지구 반 바퀴 이상을 걸은 도보여행가이자 여행과 일상을 담은 책을 네 권이나 출간한 자유기고가. 황안나 씨의 작가 소개에는 에너지 넘치는 그의 삶이 생생히 펼쳐진다. 나이와 상관없이 언제든 이전과 완전히 다른 삶을 살 수 있다는 것을 세상에 알린 셈이다.

800킬로미터의 국토종단, 4200킬로미터의 해안종단을 두 번이나 마쳤고 여덟 번의 지리산 종주, 그리고 이름도 무시무시한 '울트라 걷기 대회'에 2년 연속 참여했다는 그의 외모는 상상했던 '철의 여인'과는 거리가 있었다. 그는 자그맣고 뽀얀 얼굴을 가진 밝고 고운 여성이었다. '여행가' 하면 떠오르는 검게 탄 얼굴과 건장한 근육질 몸에 대한 선입견이 완전히 깨지는 순간이었다. 두 번째 인터뷰는 집에서 하자며 "콩국수 해줄게요!"라는 한 마디로 상대방을 무장해제시키는 다정함엔 그저 웃을 수밖에 없었다.

소녀처럼 반짝이는 눈을 마주하며 어쩌면 지구 반 바퀴를 걷는 일보다 더 멀고 험할지 모를 한 사람의 인생길을 되짚어 걸었다. 그가 걸어온 길의 풍경을 보며 많이 웃었고 눈물을 참기도 했다. 콩국수와 커피, 걷기를 좋아한다는 것과 글을 쓰는 일을 동경해왔다는 점, 대한민국에서 여자로 살고 있다는 사실과 엄마라는 단어에 늘 가슴 아파하는 딸의 마음에 깊이 공감했기 때문이다.

강원도에서 교사가 되다

IIIIIIIIIIIIIIIII

그의 고향은 개성이다. 1940년, 2남 4녀 중 장녀로 태어난 그는 책 읽는 것을 좋아하고 공부를 잘 했던 똑똑한 딸이었다. 하지만 그 시절 형제가 많은 가난한 집 맏딸은 '살림 밑천'이 될 수밖에 없었다. 아버지는 아직 초등학생인 딸에게 사범학교에 들어가면 공부를 시켜주겠지만 떨어지면 농사를 거들어야 할 거라고 엄포를 놓았다. 당시 사범학교는 초등학교를 마치고 진학하면 졸업 후 교사가 되는 6년제 교육기관이었다. 필사적으로 공부한 끝에 춘천사범병설중학교를 차석으로 입학했다. 딸 앞에서 굳은 표정을 지었던 아버지가 만나는 사람마다 딸의 차석

입학을 자랑했던 사실을 그는 알고 있었다.

걷기의 연원을 따져보면 그때부터가 시작이었다. 개성에서 춘천사범학교까지 30리, 그러니까 약 12킬로미터의 길을 6년 내내 걸어 다녔으니 말이다. 사범학교를 졸업한 1959년, 그는 강원도 홍천의 반곡국민학교에 부임했다.

"전쟁 직후라 학생들이 아주 들쭉날쭉이었어요. 5학년 교실에 열두 살부터 열일곱 살 학생까지 모두 있었죠. 열아홉 살인 선생보다 머리통 하나는 더 큰 남자애들도 있었고요."

철도국 공무원이었던 아버지의 월급으론 부모님과 가족을 부양하기에 벅찼다. 딸의 월급은 집안의 살림을 위해 알뜰하게 쓰였다. 가족에게 도움이 된다는 것이 내심 뿌듯했다. 이후 서울로 이사한 가족들과 떨어져 그는 강원도에 혼자 남았다.

남편과의 만남도 학교에서 이루어졌다. 졸업한 제자의 셋째 형이었다. 군 휴가 때 만난 동생의 담임 선생님을 마음에 품고 편지와 선물 공세를 벌인 남자는 제대 후 취직하자마자 학교로 찾아왔다. 가족과 떨어져 혼자 살던 스물넷, 생각해보면 참 많이 어린 나이였던 그는 남편의 듬직함에 끌렸다.

몇 번의 밀고 당기기 끝에 결혼한 후, 스물 여덟 살의 남편은 서울의 직장을 그만두고 그가 있는 강원도에서 사업을 시작했다. 그러나 시대의 격랑에 사업은 힘든 고비를 자주 맞았다. 잦은 사업 실패로 복잡한 부채 관계가 얽혔고, 견디기 힘든 상황을 겪기도 했다. 돈으로 인한 모멸감과 빈곤으로 한 걸음도 앞으로 갈 수 없을 것 같던 절벽을 여러 번 넘어섰다. 풍랑이 끝난 후 모든 일이 평온해지고 나니 어느덧 그의 나이는 환갑을 바라보고 있었다.

걷기가 열어준 새로운 세상

||||||||||||||||

1998년은 정년을 7년 앞둔 해였다. 40여 년을 교사로 일한 그는 예순을 넘기고 나면 다른 일을 해볼 수 없을 것 같아 퇴직을 결심했다. 우여곡절이 많았지만 뒤늦게 자리를 잡은 남편의 사업으로 생활에는 문제가 없었다. 결혼한 두 아들은 자신의 가족을 살피기에 바빴다. 모든 것을 훌훌 털어버릴 수 있는 지금이 무엇이든 시작하기 좋은 때라고 생각했다. 남편도 그의 퇴직을 적극 찬성했다.

40년간 몸에 밴 습관은 하루아침에 바뀌지 않았다. 퇴임식 다음날 아침에도 평소와 다름없이 분주히 출근 준비를 마친 그는 갈 곳이 없음을 깨닫고 깊은 우울감에 빠져들었다. 맥이 풀린 탓에 여기저기 아픈 곳이 드러났다. 남편의 손에 이끌려 찾은 병원에서 의사는 약 몇 봉지와 함께 운동을 병행하라는 처방을 내렸다.

　나이 든 이에겐 걷기가 최고라는 지인의 충고를 따라 주변 산책부터 시작했다. 동네 공원과 아파트 주변을 맴도는 것이 전부였지만 몸을 전부 써서 걷는 일은 심신을 상쾌하게 만들었다. 천천히 동네 뒷산을 오르기 시작했다. 높이에 따라 달라지는 공기의 느낌이 생경했고, 단지 걸었을 뿐인데 걷기 전과 확연히 달라진 기분이 신기했다. 다른 사람들과 함께 걸으면 어떨까 싶어 산악회에 가입했고 적극적으로 활동했다.

　걸을 수 있는 거리는 모두 걸어다니며 체력을 비축하고 전국의 산을 하나씩 오르기 시작했다. 내 몸을 써서 어디론가 떠나는 것, 도착한 장소에서 새로운 에너지를 받는 느낌이 좋았다. 걷기에 온통 집중해 있던 그때 40일 만에 국토종단을 끝냈다는 여행기 한 권이 마음을 사로잡았다. '나도 한번 해봐?'라는 무모한 마음이 비온 뒤 죽순처럼 솟아났다. 마음은 점점 커져 숲이 되고, 강한 열망이 메아리쳐 온몸을 휘감았다.

"지치도록 걸어보고 싶다는 마음이 컸습니다. 퇴직 후 7년을 보내며 일상이 권태롭기도 했고요. 먼 거리를 홀로 떠나서 내 눈과 발의 감각으로 세상을 기억하고 싶었습니다."

　가장 걱정되는 것은 남편이었다. 혼자 남아 살림과 일을 하는 것도 걱정이었지만 무엇보다 아내 혼자 국토종단을 한다고 하면 절대 보내주지 않을 것이기 때문이었다. 산악회 회원들과 함께 여행한다고 안심시킨 후, 두 아들에게만 혼자 떠난다는 사실을 이야기했다. 아버지에겐 비밀로 할 것을 단단히 다짐받았다.

2004년 3월 21일은 산악회에서 무등산 등반이 있는 날이었다. 함께 산을 오른 후 해남 땅끝마을로 내려가 국토종단을 시작하기로 했다. 내내 걱정하던 둘째 아들은 '국토순례 해남-통일전망대'라는 글귀가 잘 보이도록 만든 플래카드를 챙겨주었다.

무등산 하산 후 해남으로 향하는 버스에 올랐다. 큰아들 내외를 만나 땅끝마을에서 하루를 같이 묵었다. 땅끝탑에 선 아들 부부는 어머니의 손을 놓지 못했다. 혼자 떠나는 시어머니의 뒷모습에 울컥한 며느리는 그를 끌어안고 끝내 눈물을 보였다. 아들 부부를 뒤로 하고 한 걸음씩 걷기 시작했다. 그들의 모습이 점처럼 작아지고 시야에서 사라지고 나서야 그는 자신이 완전히 혼자라는 사실을 깨달았다. 홀가분한 마음과 함께 새벽 공기 같은 청명한 외로움이 스며왔다.

'드디어 길을 떠나신다. 쓸쓸해 보이는 뒷모습이지만 자랑스럽다. 앞으로 살아가면서 부딪힐 어떤 어려움도 어머니의 뒷모습을 떠올리면 거뜬히 헤쳐나갈 수 있을 것 같다.' 떠나던 그를 지켜보던 아들이 자신의 블로그에 남긴 글이다. 아들은 늦은 밤까지 지도 보는 법과 여행의 소소한 주의사항을 일러주면서도 걱정스런 마음을 감추지 못했다. 어렸던 아들은 어느새 어머니의 홀로 가는 길고 외로운 여행을, 그의 인생을 이해할 수 있는 중년이 되었다. 둘째 아들이 만들어준 플래카드를 몸에 단단히 매고 그는 자신이 걸어갈 길에만 집중하기로 마음먹었다.

그렇게 시작된 국토종단은 해남·강진·월출산·광주·담양 등 남도의 붉은 흙을 고루 밟고, 순창·임실·진안·무주로 향해 전라북도의 생기를 온 몸 가득 담았다. 영동·상주·문경·제천을 지나 강원도 땅을 밟은 후 영월·진부·구룡령·양양·속초·고성·거진을 거쳐 통일 전망대에 이르기까지 총 23일이 소요되었다. 길 위에 남긴 온전한 발의 기록을 온몸에 새기며 보낸 시간이었다.

내 나이가 어때서? 나도 할 수 있다고!

||||||||||||||||

그는 둘째가라면 서러울 길치였다. 단체 여행에서 사람들의 배려와 함께 많은 부분 '경로 우대'를 받았던 것도 사실이다. 그런 그가 어떻게 홀로 국토종단 길에 오를 수 있었을까?

"일단 지도 보는 법을 열심히 공부했어요. 이정표도 잘 돼 있으니 그냥 따라가면 돼요. 교통 표지판도 도움이 됩니다. 걸을 때

는 지도나 이정표가 꼭 필요하기도 하고, 또 전혀 필요 없기도 합니다. 오히려 더 자유롭게 걸을 수 있지 않을까요? 삶에는 이정표나 지도가 없잖아요."

알 수 없는 힘이 그를 이끌어 국토종단의 여정에 데려다 놓았지만, 그 힘 역시 자신의 안에서 나온 것이었다. 처음 일주일은 걷고 나면 발에 커다란 물주머니가 생겼다. 명주실 몇 가닥을 물주머니에 꿰어 놓고 그대로 잠을 잤다. 아침이 되면 실을 타고 물이 빠져 물집이 바람 빠진 풍선처럼 됐다. 그 발을 딛고 일어서면 비명이 나올 만큼 고통스러웠다. 이때 꼭 참고 10분만 조심히 걸으면 고통은 사라졌다. 일주일이 지나면 적응된 발에는 굳은살이 박여 어떤 길도 갈 수 있게 되었다. 몸은 정신이 하고자 하는 일에 느리게 적응하며 따라와줬다.

혼자 걷는 것이 목표였지만 몇몇 구간은 지인들과 함께 걷기도 했다. 밤마다 통화를 하며 "벚꽃이 지기 전에 돌아오라"던 남편은 결국 그가 혼자 걷고 있다는 사실을 알았고, 중간에 함께 걷겠다며 찾아오기도 했다. 사람들이 오갔지만 그는 담담히 계획한 길을 끝까지 걸어갔다.

통일전망대에서는 가족과 친구들이 그를 맞아주었다. 사람들의 대단하다는 말보다 자신 안에 싹튼 자유를 마음껏 만끽할 수 있는 사람이 됐다는 사실이 흐뭇했다. 어디로든 갈 수 있고 원하는 것은 무엇이든 할 수 있는 사람이 됐다는 생각에 울컥했다. 60대, 어디서든 혼자 머물러도 거칠 것 없고 남을 의식하지 않아도 되는 좋은 나이다! 65세에 첫 국토 종단을 마친 일은 진정한 의미의 새로운 시작이 되었다.

걷기로 이룬 작가의 꿈

IIIIIIIIIIIII

도전은 또 다른 도전을 불러왔다. 한 출판사에서 국토종단 이야기를 책으로 엮어보자며 연락을 해왔다. 사양했지만 한사코 만나길 원하는 편집자를 집으로 초대해 열무비빔밥을 나눠먹으며 수다를 떨었다. 사람을 좋아하고 소소한 수다를 즐기는 그는 편집자에게 자신의 이야기를 숨김없이 들려주었다. 설마 이런 수다를 책으로 내자고는 안 하겠지, 싶은 생각도 있었다. 그러나 편집자는 쾌재를 불렀다. "그거예요! 그 이야기를 쓰시면 돼요!"

새로운 일에 도전하는 건 그의 전매특허였다. 어떤 일을 하든 나이를 걸림돌이라고 생각해본 적은 없었다. 50대에 컴퓨터를 익혀 젊은 교사들이 맡던 전산 업무를 직접 했다. 운전면허도 50대에 땄다. 블로그를 시작한 것도 환갑이 지나서였다. 안 되면 말고, 하고 싶으면 다시 시도하면 됐다. 그러나 책을 쓰는 일은 달랐다. 작가가 되는 것은 마음속에 은밀히 간직해온 오랜 꿈이었다. 설레는 느낌과 함께 더럭 겁이 났지만 늘 그랬듯 도전을 결심하고 글을 쓰기 시작했다.

국토종주 여정, 그때 만났던 사람들, 걸으면서 느낀 미움과 용서, 힘듦과 보람의 마음을 책에 담아 엮었다. 그가 좀 더 젊을 때 종주를 했다면 좋았을 거라며 아쉬워하는 산악회 후배에게 "내 나이가 어때서 그래? 지금이 적기야!" 라고 답했던 대화에서 따와 책 제목을 《내 나이가 어때서?》라고 붙였다. 국민 가요가 된 트로트곡과 제목이 같지만 그의 책이 먼저다. 책은 2005년에, 노래는 2012년에 나왔다.

고심하며 쓴 책을 서점에서 마주했을 때, 그는 평생 느껴본 적 없는 새로운 감정을 느꼈다. 울컥하는 마음과 대견함, 부끄러움과 대체 누가 할머니의 여행을 궁금해 할까 싶은 두려움까지. 감정의 소용돌이에서 한동안 멍한 기분이었다.

"그때가 예순 다섯이었는데, 그걸 감동이라고 해야 할까요? 교사로 평생을 보내긴 했지만 어릴 때부터 제 꿈은 작가였어요. 그 꿈에 예순 다섯 살이 되어서야 다가간 거잖아요. 걷기가 이 모든 것을 가능하게 해준 겁니다."

'아는 게 없어서 쉽게 쓸 수밖에 없다'며 겸손하게 말하지만 술술 읽히는 쉬운 글을 쓰는 일이 사실 더 어렵다. 그가 알려준 비법은 독서였다. 실제로 그는 엄청난 독서가다. 한 달에 열 권

이상의 책을 읽는다. 어깨 수술을 하고 팔에 깁스를 했던 한 달 동안은 다른 일을 할 수가 없어서 스물 네 권을 읽기도 했다. 책과 신문을 가까이 하고 여행지에서는 늘 꼼꼼히 메모하며 블로그에 여행 이야기와 소소한 일상에 대한 글을 써왔다. 걷기는 글의 소재가 될 뿐 아니라 생각의 폭을 넓히고 다듬는 일에 큰 도움이 됐다. 좋은 글을 쓰는 기본이라는 '다독多讀, 다작多作, 다상량多商量'이라는 원칙을 온 몸으로 실천하고 있는 셈이니, 당연히 좋은 글이 나올 수밖에 없다.

이후 세 권의 책을 더 썼다. 블로그에 연재했던 실수담을 엮은《안나의 즐거운 인생비법》, 일상을 담백하게 써내려간《일단은 즐기고 보련다》, 그리고 어머니의 일기를 자신의 이야기와 함께 엮은 책《엄마, 나 또 올게》가 바로 그것이다.

엄마는 칠순에 처음 한글을 그렸다

||||||||||||||||||

엄마는 칠순에 한글을 그리기 시작했다. 엄마의 'ㄱ'은 아래에서 위로, 어설픈 낫 모양을 만들어간 하나의 그림이었다. 엄마는 한글을 배우기 시작한 초등학생 손자를 보며 자신이 글자를 모른다는 사실을 부끄러워했다. 또박또박, 한글을 쓰는 손자의 어깨 너머로 글자들을 익혀나가기 시작했다.

"친정집을 청소하다가 제가 쓰다 만 다이어리 여덟 권이 엄마 방 장롱에 쌓여있는 걸 발견했어요. 꺼내보니 반복해서 써 내려간 글자에 숫자, 일기까지……. 10년간 어머니의 글이 담겨 있었습니다."

맞춤법은 물론 엉망이었다. 어느 노트엔 1부터 100까지의 숫자가 끝없이 나열되어 있었다. 언젠가 엄마와 통화했던 기억이 났다. 누구의 도움도 없이 전화기의 숫자를 읽어 딸에게 처음 전화를 했다며 엄마는 한껏 들떠 있었다. 웃어넘기긴 했지만 피나는 노력으로 이룬 결과라는 걸 그때 알았어야 했다. 일기를 들춰보며 딸은 오열할 수밖에 없었다.

엄마의 멸치육수는 '멸치6수'였고 햇볕은 '해볒'이었다. 엄마의 한글이 문장이 되고, 한 편의 글이 되어 희로애락을 솔직히 표현한 일기는 출판 후 많은 이들에게 감동을 주었다. 병원도 데려가지 못하고 7개월 만에 죽은 아들을 치마저고리 수의에 싸서 묻은 일을 회상하며 쓴 일기와 시는 많은 독자들의 눈시울을 뜨겁게 했다.

고단했던 시집살이, 자식에 대한 사랑, '매일매일 햇볕님에게 너무나 감사한' 농사의 기쁨, '천장에 매달린 파리도 반갑게 느껴지는' 외로움, '마루에 걸린 시계, 생명줄 닳아지는 소리'……. 세월에 대한 담담한 회한은 읽는 이들의 가슴을 먹먹하게 만들었다. 일기는 1995년 어머니의 팔순에 맞춰 책으로 출판되었다. 많은 사람들의 사랑을 받던 책은 KBS의 〈인간극장〉 5부작으로 방영되기도 했다. 깊은 생에서 나온 시린 감정들을 쉬운 언어로 표현한 책은 4개국에서 번역 출간됐다.

장남과 서울에서 살았지만 포천의 작은 집에서 농사짓는 것을 더 좋아했던 엄마는 2011년, 96세를 일기로 생을 마감했다. 글자조차 가르쳐주지 않고 베틀 앞에만 십 년을 묶어둔 자신의 아버지가 야속하고, 한평생 여자로서 모진 삶에 묶인 생이 힘겨웠던 엄마는 다음 생에선 백조로 태어나고 싶다고 했다. 엄마가 못 가본 전국 구석구석을 엄마를 꼭 닮은 딸이 두 발로 쉼 없이 다니고 있다. 엄마가 한글을 처음 배운 일흔을 훌쩍 넘긴 딸은 백조보다 더 자유롭게, 가고 싶은 곳을 자신의 두 발로 걸어가는 사람이 되었다.

마지막이 될지도 모를
이 순간을 위해

||||||||||||||||

국토종단에 이은 그의 도전은 계속됐다. 예순 일곱이 되던 해에는 서해에서 남해, 동해로 이어지는 4200킬로미터 해안길을 도보로 완주했다. 국도를 이용하면 좀 더 짧은 거리로 쉽게 걸을 수 있지만 자갈과 모래, 파도가 있는 바다를 직접 느끼고 싶어

서였다. 이번에도 역시 혼자였다. 종종 가족과 지인들이 함께 걷기도 했고 길에서도 다양한 사람들을 만났다. 그를 품어주는 삼면의 바다와 자연은 변덕스런 친구가 되어주었다.

"해안 일주는 몇 년 전에 한 번 더 다녀왔어요. 예전 기록을 들춰보다가 내가 다시 한 번 할 수 있을까, 궁금해졌거든요. 궁금한 건 못 참아요. 모든 일을 시작할 땐 그냥 해봐요. 못하겠으면 돌아오자는 생각으로요."

지리산에 대한 그의 사랑은 대단했다. 일흔 다섯에도 여덟 번째 지리산 종주를 마쳤다. 혀를 내두를 만한 족적은 더 있다. 일흔이 되었을 때 무박으로 100킬로미터를 걷는 울트라걷기대회를 2년 연속 완주한 것이다. 최고령 참가자였던 그가 사람들을 깜짝 놀라게 한 것은 당연한 일이었다.

산티아고 순례길, 네팔 히말라야 트레킹 등 유명한 해외 걷기 여행도 다녀왔다. 사는 날까지 자신의 힘으로 움직이고 싶기에 건강에 부단히 신경을 쓴다. 그러나 나이만큼 몸은 아파오고, 미래의 일은 알 수 없다. 생물학적 노화도 어쩔 수 없다. 사람들과 함께 등반이나 도보여행을 갈 때 60대에는 선두에 섰다. 70대에 들어서 점점 중간으로 뒤처지더니, 이젠 점점 뒤쪽으로 자리를 옮기게 된다. 아쉽지만 걸을 수 있다는 사실에 감사하며 받아들이고 있다.

"항상 이번이 마지막일 수도 있다는 생각을 하며 짐을 꾸립니다. 블로그에 올린 여행기를 보고 사람들이 '이 노인네, 흔한 풍경에도 참 호들갑스럽네'라고 할 수도 있어요. 근데 마지막이 될지도 모르는데, 다시 못 올지도 모르는데 어떻게 그 풍경이 아름답지 않을 수가 있겠어요?"

일단 한 걸음, 발을 떼어 봅시다!

ıııııııııııııı

처음엔 건강 때문에 걷기 시작했다. 이후에는 아픔과 슬픔, 기쁨을 고해소처럼 모두 받아주는 길이 좋아 여행길에 올랐다. 길 위에서 그는 변했고 과거의 모든 고통과 미움을 끌어안을 수 있었다. 이젠 그저 길이 있기 때문에 떠난다. 어디로든 갈 수 있다는 자유로움이 걷기를 계속하는 원천이 되었다. 길 위에서의 시간은 일상과 다르게 흘렀다. 젊은 시절 남편의 사업 실패와 삶에 대한 좌절로 자살까지 생각하며 찾았던 해변을 다시 걸을 때는, 아무리 힘든 일이라도 여행의 풍경처럼 다 지나간다는 사실을 실감했다. 힘든 시절 그를 피하고 멸시했던 사람들, 한없이 미워하고 증오했던 사람들을 이젠 모두 내려놓고 이해할 수 있을 것 같다. 걷기가 가져다 준 큰 선물이다. 길 위에서 마주친 이들의 미소와 호의, 친구와 가족의 이해와 사랑 덕분에 즐겁게 걸을 수 있었다. 해묵은 감정들을 모두 덮을 만큼 많은 사람들에게 넘치는 응원과 사랑을 받았다. 너무나 감사한 일이다.

건강히, 오래 사시라는 인사말에 그는 "많이 살고 싶다"고 답한다. 좋은 사람들도 많이 만나고, 많이 웃고 감탄하고, 걸어야 할 길을 걸으며 해야 할 일들이 아직 많이 남아있기 때문이다. 강연에 나가면 늘 하는 이야기가 있다. 스스로에게 감동을 주는 자신을 찾아보라는 것이다. 그는 더욱 많이 살며 감동을 느낄 수 있는 자신을 듬뿍 찾아보고 싶다. 일상적인 일, 소소한 일도 상관없다. 감동을 느낀다는 것 자체가 중요하다. 행복은 누릴 수 있는 사람의 몫이고, 감동을 따라가면 구체적인 꿈의 모습을 볼 수 있다. 꿈에 가까운 방향으로 즐겁게 사는 것. 어쩌면 이것이 삶의 전부일지도 모른다.

"걷기는 내게 많은 것을 가져다 줬어요. 과거의 아픔도 치유해 줬고, 건강도 줬고, 길 안팎에서 여러 사람들을 만날 수 있게 해줬지요. 많이 부족하지만 작가라는 꿈을 이룰 수도 있었고요. 그저 좋아서 신나게 걷다 보니 이렇게 됐어요. 세상에 이렇게 쉬운 방법이 있나요? 신발끈을 묶고 한 걸음씩 발을 옮기기만 하면 되잖아요. 모든 일이 그렇지 않을까 싶어요. 문을 열고 한 걸음 걷기 시작하면 되는 거죠."

'걷는 것은 자신을 세계로 열어놓는 것이다.' 다비드 르 브

르통David Le Breton, 《걷기 예찬》의 첫 문장이다. 현재 자신의 상황에 매몰된 이들에게 몸을 온통 써서 걷는 일은 또 다른 세계를 보여줄 수 있을 것이다. 황안나 씨가 바로 그 증인이다. 새로운 길에 한 발 들여놓기, 그리고 다시 한 발 더 걸어가 보기. 어떤 곳이든 한 걸음 들여놓으면 꿈만 꾸던 막연한 일도 접근 가능한 영역이 된다. 서두를 필요는 없다. 자신의 속도로 한 걸음씩 시작하면 된다. 늘 세우지만 무너지고 마는 계획이라는 길도 걸어야 내 것이 될 것이다. 그의 인생을 함께 걸어본 짧은 만남은 삶의 단단한 기본을 일러주었다.

일단 한 걸음, 떼어봅시다!

사회공헌 일자리

사회공헌이란 경험과 전문성을 살린 공익 활동을 말한다. 사회공헌 참여자는 지역 커뮤니티와의 지속적인 교류로 건강한 시민성을 유지하며 보람을 느낄 수 있다. 생계비나 노후 자금을 위한 취업과는 차이가 있다. 다양한 사회 서비스를 확대하고 사회적 문제를 해결하기 위해 소셜벤처, 마을기업, 협동조합 등이 점차 늘어나고 있어 사회공헌 영역은 더욱 확대될 전망이다.

2019년부터 지방자치단체가 만 50세 이상 퇴직자의 경력과 전문성을 활용할 수 있는 일자리 사업을 제안하면, 고용노동부 심사 후 인건비를 지원하여 채용하는 '신중년 경력형 일자리사업'이 신설되었다. 고용노동부(www.moel.go.kr)에 문의하면 자세한 정보를 알 수 있다.

주체		사업명	지원내용	문의
정부	고용노동부	사회공헌활동사업 사회적기업진흥원	만 50세 이상 퇴직자를 대상으로 사회공헌 활동 기회 제공 및 참여자 교육	고용노동부 (www.moel.go.kr) 한국사회적기업진흥원 (www.socialenterprise.or.kr)
		신중년경력형 일자리	만 50세 이상 퇴직자에게 일자리 제공	고용노동부 (www.moel.go.kr)
지자체	서울시	서울시50+ 보람 일자리	만 50세~ 67세 서울시 거주자에게 일자리 제공	서울시50플러스포털 (www.50plus.or.kr)
	부산시	부산형 베이비부머 일자리사업	만 50세~64세 부산시 거주자에게 사회적 일자리 제공	50플러스부산포털 (www.busan50plus.or.kr)
	제주도	이음일자리지원 사업	만 50세~70세 제주도민에게 일자리 제공	제주국제자유도시개발센터 (www.jdcenter.com)
기업체	한화생명· 생명보험 사회공헌 위원회	시니어 사회경제적 취·창업지원	만 45세 이상 퇴직자에게 사회적 일자리 제공	생명보험사회공헌위원회 (www.liscc.or.kr)
	현대자동차 등	굿잡 5060	만 45세 이상 퇴직자에게 교육 후 활동처 연계	굿잡5060 (www.goodjob5060.com)

나가는 말
변함없이 변하는 일을 생각하며

화창한 봄날이기도 했다. 비가 내린 날도 있었고, 때 아닌 폭우에 우산이 날아가 망연자실한 날도 있었다. 빗물이 찬 신발을 신고 카페에 들어선 날은 잘 닦인 나무 바닥에 질척한 발자국을 남기며 민망해하기도 했다. 함박눈이 펑펑 내리는 날도, 앞을 볼 수 없을 만큼 세찬 바람에 휴게소에 들른 고속버스를 놓칠 뻔한 적도 있다. 삼복더위엔 인터뷰이들 앞에서 인사보다 얼음물을 먼저 들이켰다. 돌아보니 그들을 만나러 간 날들은 하루도 같은 날이 없었다. 그럴 수밖에. 우리의 인생에 하루도 같은 날, 같은 순간은 존재하지 않으니 말이다.

이 인터뷰는 2012년부터 시작된 것이다. 대부분의 인터뷰이들이 새로운 일을 시작한 시점이었다. 불안과 설렘이 가득한 그들의 심정을, 당시 30대 중반이었던 나는 완전히 이해하지 못했다. 나와 비슷한 나이의 지인들도 한참 일할 에너지와 열정이 넘치는 시기였으니 말이다. 입으로는 만성 피로를 호소했지만 업무 숙련도와 사회 적응력이 최고조를 이루는 때였다. 5년, 10년 후에 달라질 모습이 실제로 와닿지 않았다. '무슨 일이든 하면 된다'고 야무지게도 말하고 다녔다. 내일의 날씨조차 정확히 알 수 없으면서 변화할 상황이나 세상을 전혀 염두에 두지 않던 시절이었다. 이 세상에는 내가 할 새로운 일이 얼마든지 기다리고 있을 것 같았다.

2022년, 이제 나는 40대 중반의 나이가 되었다. 내가 만났던 그들과 심정적으로 더 가까운 나이가 된 것이다. 회사를 계속 다닌 지인들 중엔 근속 20년을 넘기는 이들도 있다. 퇴직을 목전에 두었다는 불안감을 감추지 못하는 사람도 있고 두 번째, 세 번째 직업을 바꿔 살아가는 사람도 있다. 10년은 변하기에 충분한 시간이다. 그러나 중년을 넘기며 맞은 변화는 예전 같지 않다는 불안을 수반한다. 일에 쏟을 수 있는 에너지의 양도 문제였지만 수십 년간 쌓여온 매너리즘에 빠지거나 급변하는 환경에 길을 잃는 이들도 많았다. 경력에서 오는 숙련을 자랑스러워하기보다는 젊고 새로운 이들의 창의성에 주눅 들기도 했다. 세대 교체는 당연한 일이지만, 그 교체 대상에 자신이 들어가는 건 또 다른 문제였다.

예전에 만난 퇴직자들을 떠올린 건 그때였다. 퇴직 후 다양한 일을 시도하던 그들은 아직도 자신의 일을 계속 하고 있을까. 10년이 지난 지금까지 퇴직 후 시작한 일을 지속하고 있는 그들이 들려주는 이야기는 누군가에게 꼭 필요할 거라는 생각이 들었다.

퇴직자의 근본적인 불안감은 노화가 찾아오며 육체적, 심적으로 약해진 자신을 느끼는 것에서 시작된다. 생각대로 되지 않는 몸과 마음, 선택에 대한 확신 없음과 지속에 대한 두려움에 더해 아직 오지 않은 실패에 대한 암울한 부담감에 마음은 점점 무거워지고 만다. 시간이 얼마 남지 않았다는 초조함도 불안에 무게를 더한다.

기쁘게도 다시 만난 인터뷰이들은 두 번째 일을 시작할 때와 같은 열정으로 지속하고 있었다. 업무적 능숙함에 새로운 철학을 더하고, 확장된 도전을 모색한 사람도 있었다. 새로운 일에 다른 모습으로 찾아온 어려움은 그들의 몸과 마음을 더 강하게 바꿔놓기도 했다.

시간차를 두고 변한 내가, 변함없이 일하고 있는 그들을 만난 느낌은 새로웠다. 자신의 일을 묵묵히 지속하고 있는 그들은 만났던 그때처럼 현재를 살고 있었다. 지금 자신이 서 있는 곳에서 뭉근하고 성실히 일하는 것이 미래를 위한 토대가 된다는 걸 그들은 정확히 알고 있었다. 경력에서, 취미에서, 작은 추억 하나에서, 우연한 배움의 현장에서, 혹은 그저 신발끈을 동여매고 현관을 나선 작은 일에서 미래의 씨 앗을 발견한 것처럼 말이다. 그들은 일상을 되는 대로, 흘러 가는 대로가 아니라 의도적으로 살고 있었다.

내가 아닌 그들의 이야기, 그들과 함께 만드는 책이라는 점은 책임감과 즐거움을 동시에 느끼게 해주었다. 이 흥미로 운 작업의 주인공이 되어, 낯선 이에게 마음을 열고 자신의 이야기를 들려준 인터뷰이들에게 진심으로 감사드린다. 첫 인터뷰 이후 10년의 시간이 흘렀지만, 오래된 만남의 인연을 잊지 않고 반갑게 건네준 안부의 말에 가슴이 두근거렸다. 다 채로운 이들의 모습이 글을 통해 충분히 전달될 수 있을지 걱 정되는 마음이 크다. 인터뷰를 담은 글 속에서 누군가의 삶은 여지없이 축소되기 마련이다. 그들의 풍성하고 땀에 젖은 삶 이 납작해지지 않기를, 읽는 이들이 일을 발견하는 그들의 모 습과 통찰의 과정에 공감할 수 있기를 바라는 마음이다.

책에 수록된 취업과 일자리에 관련된 자료는 대부분 고용 노동부 산하 기관 한국고용정보원에서 출간된 책자와 연구 서에서 가져왔다. '생애 진로'에 대해 국가 차원의 연구가 이 루어지는 기관이 있다는 것을 알고 놀랐던 기억이 있다. 진 로란 평생 온몸으로 고민해야 하는 동사라는 것을, 그리고 국가 차원에서도 고민해야 할 과제임을 깨닫게 되었다. 함께 일했던 연구원분들께 진심으로 감사드린다. 한국고용정보원을 통해 만난 수많은 인연의 시작이며, 퇴직자들에 대해 많은 이야기를 들려주신 일연구소 장서영 소장님께 늘 전하고 싶던 감사의 마음을 보낸다. 인터뷰와 원고에 대한 김청연 작가님의 조언은 언제나 큰 힘이 되었다. 말로는 부족한 고마운 마음을 듬뿍 전한다.

꽃이 피고 바람이 분다. 자신의 일을 지속할 인터뷰이들과 우리의, 변함없지만 잎이 돋고 볕이 뜨거워지듯 소소히 다채롭게 변주될 일상에 안부를 전하고 싶다.